자녀장려세제(CTC) 도입의 정책적 함의와 기대효과

김재진 / 한국조세재정연구원

2014년 9월 30일 1판 1쇄 인쇄
2014년 9월 30일 1판 1쇄 발행

지 은 이   김재진 / 한국조세재정연구원
발 행 인   이헌숙
표   지   김학용
발 행 처   생각심표 & 주)휴먼컬처아리랑
　　　　　서울특별시 영등포구 여의도동 45-13 코오롱포레스텔 309
전   화   070) 8866 - 2220 FAX • 02) 784-4111
등록번호   제 2009 - 000008호
등록일자   2009년 12월 29일

www.휴먼컬처아리랑.kr
ISBN 979-11-5565-003-5

자녀장려세제(CTC) 도입의 정책적 함의와 기대효과

김재진 / 한국조세재정연구원

목 차

Ⅰ. 서 론 ·· 1

Ⅱ. 우리나라 자녀양육지원제도 ·· 3
  1. 자녀양육을 위한 복지지출 현황 ··· 3
  2. 자녀양육을 위한 지원제도 ·· 5
    가. 세제지원제도 ··· 5
    나. 세제지원 이외의 각종 복지제도 ··· 6

Ⅲ. 우리나라 아동빈곤 현황 ··· 8
  1. 우리나라 빈곤 현황 및 국제비교 ··· 8
    가. 우리나라 빈곤 추이 ··· 8
    나. 국제비교 ·· 9
  2. 우리나라 아동빈곤 현황 ··· 11
    가. 분석자료 및 주요 변수 ·· 11
    나. 분석결과 ·· 11
  3. 요약 ··· 25

Ⅳ. 주요국의 CTC와 EITC의 운영사례 ·· 27
  1. 미국 ··· 27
    가. Child Tax Credit(CTC) ··· 27
    나. Earned Income Tax Credit(EITC) ······································· 29
  2. 영국 ··· 31
    가. Child Tax Credit(CTC) ··· 31
    나. Working Tax Credit(WTC) ·· 34
  3. 호주 ··· 35
    가. Family Tax Benefit(FTB) ··· 35
    나. Working Credit ·· 38

4. 캐나다 ··· 39
　가. Canada Child Tax Benefit(CCTB) ·· 39
　나. Working Income Tax Benefit(WITB) ·· 42
5. 뉴질랜드 ··· 45
　가. Family Tax Credit(FTC) ··· 45
　나. In-work Tax Credit(IWTC) ··· 46
　다. Minimum Family Tax Credit(MFTC) ··· 48
　라. Parental Tax Credit(PTC) ·· 48
6. 국제비교 ··· 49
　가. 도입시기 ·· 49
　나. 조세지출규모 ··· 49
　다. 모형 및 기준소득 ·· 50
　라. 자녀요소 ·· 52
　마. CTC와 EITC의 중복 적용 여부 ·· 52
　바. CTC 및 EITC의 신고·수급·조정시기 ··· 52

Ⅴ. 우리나라 자녀장려세제(CTC) 개요 ··· 57
　1. 자녀장려세제(CTC) 도입 및 근로장려세제(EITC) 확대 ······························· 57
　　가. 자녀장려세제(CTC) 도입 ·· 57
　　나. 근로장려세제(EITC) 확대 ··· 58
　2. 해외 주요국과의 지원수준 비교 ··· 59

Ⅵ. 자녀장려세제(CTC) 도입의 정책적 함의와 기대효과 ······································ 61
　1. 정책적 함의 ··· 61
　2. 기대효과 ·· 62
　　가. 빈곤 감소효과 ··· 62
　　나. 소득재분배 개선효과 ··· 66

참고문헌 ·· 69

표 목 차

<표 Ⅱ-1> 주요국의 가족지원제도로 인한 공공지출 구분 ················ 4
<표 Ⅱ-2> 우리나라의 자녀양육을 위한 세제지원제도(2013년 기준) ············ 5
<표 Ⅱ-3> 우리나라의 자녀양육을 위한 세제지원 외의 각종 복지제도(2013년 기준) 6

<표 Ⅲ-1> 아동 수별 빈곤율 비교 ················ 15
<표 Ⅲ-2> 가계동향조사와 한국복지패널을 이용한 빈곤현황 비교 ············ 16
<표 Ⅲ-3> 아동 수 및 소득분위별 빈곤 분포(중위소득 50% 기준) ············ 18
<표 Ⅲ-4> 아동 수, 소득분위 및 가구 경제활동에 따른 빈곤분포 ············ 19
<표 Ⅲ-5> 아동 수별 가구 경제활동에 따른 월평균 경상소득 ················ 20
<표 Ⅲ-6> 소득분위별 아동 수, 가구 경제분포에 따른 월평균 경상소득 ·········· 22
<표 Ⅲ-7> 아동 수, 가구 경제활동에 따른 월평균 소비지출 ················ 23
<표 Ⅲ-8> 소득분위별 아동 수, 가구 경제분포에 따른 월평균 소비지출 ········ 24

<표 Ⅳ-1> 미국의 CTC 변천과정 ················ 28
<표 Ⅳ-2> 미국의 EITC 신청을 위한 AGI 및 투자소득 요건(2013) ············ 30
<표 Ⅳ-3> 미국의 EITC 급여체계(2013) ················ 31
<표 Ⅳ-4> 영국의 CTC 급여산정요소(2013~14) ················ 32
<표 Ⅳ-5> 영국의 CTC 급여(2013~14) 예시 ················ 33
<표 Ⅳ-6> 영국의 WTC 최소근로시간 요건 ················ 34
<표 Ⅳ-7> 영국의 WTC 급여산정요소(2013~14) ················ 35
<표 Ⅳ-8> 가족세제지원금 수령액(FTB Part A: 2013~14) ················ 36
<표 Ⅳ-9> 2차소득자의 조정된 과세소득(ATI) 한도(FTB Part B: 2013~14) ············ 38
<표 Ⅳ-10> 가족세제지원금 최대 수령액(FTB Part B: 2013~14) ············ 38
<표 Ⅳ-11> CCTB 적용시, 소득 한도(2013~14년 기준) ················ 41
<표 Ⅳ-12> CDB 급여의 점감기준소득(2013-14년 기준) ················ 42
<표 Ⅳ-13> 캐나다 WITB의 기본급여체계(2007~2013년) ················ 44

<표 Ⅳ-14> Family Tax Credit 한도소득(2013~14년 기준) ················· 45
<표 Ⅳ-15> Family Tax Credit 최대 수령액(2012~13년 기준) ············ 46
<표 Ⅳ-16> In-work Tax Credit 수령액(2012~13년 기준) ·················· 46
<표 Ⅳ-17> In-work Tax Credit 한도소득(2013~14년 기준) ··············· 47
<표 Ⅳ-18> Minimum Family Tax Credit 수령액(2012~13년 기준) ········ 48
<표 Ⅳ-19> Parental tax credit 한도소득(2013~14년 기준) ················ 49
<표 Ⅳ-20> 주요국의 자녀장려세제(CTC) 비교 ····························· 54

<표 Ⅴ-1> 자녀장려세제(CTC) 소득구간 및 지원수준 ···················· 57
<표 Ⅴ-2> 자녀장려세제(CTC) 신청자격 ···································· 58
<표 Ⅴ-3> 근로장려세제(EITC) 확대 ·· 58
<표 Ⅴ-4> 자녀 2인 기준 CTC 최대지급액(2013년 10월 기준) ·········· 59

<표 Ⅵ-1> EITC 확대 및 CTC 도입시 빈곤 감소효과(아동가구) ········ 63
<표 Ⅵ-2> 2013년도 세제개편안 반영시 빈곤 감소효과(아동가구) ······· 65
<표 Ⅵ-3> 2013년도 세제개편안 반영시 빈곤 감소효과(1인 이상 근로소득자 가구) 66
<표 Ⅵ-4> EITC 확대 및 CTC 도입 시 소득재분배 효과
         (1인 이상 근로소득자 가구) ·· 67
<표 Ⅵ-5> 2013년도 세제개편안 반영시 소득재분배 효과
         (1인 이상 근로소득자 가구) ·· 68

그림 목차

[그림 Ⅱ-1] OECD 회원국의 현금·서비스·조세를 통한 가족지원 공공지출 수준 ······· 4

[그림 Ⅲ-1] 한국의 빈곤율 추이 ··· 8
[그림 Ⅲ-2] OECD 회원국과 빈곤율(Poverty Rates) 비교(2008) ························· 9
[그림 Ⅲ-3] 가구 특성에 따른 빈곤율(Poverty Rates) 비교 ······························· 10
[그림 Ⅲ-4] 가구원 수 및 아동 수 분포 비교 ··· 12
[그림 Ⅲ-5] 가구의 경제활동 및 아동 수에 따른 월평균소득 분포 비교 ················ 13
[그림 Ⅲ-6] 소득분위에 따른 가구 경제활동 분포 비교 ··································· 14
[그림 Ⅲ-7] 가구 구분별 빈곤율 비교 ·· 14
[그림 Ⅲ-8] 중위소득 50% 기준 아동 수, 가구 경제활동별 빈곤분포 비교 ············· 17
[그림 Ⅲ-9] 아동 수, 가구 경제활동에 따른 월평균 경상소득 ··························· 20
[그림 Ⅲ-10] 아동 수, 가구 경제활동에 따른 월평균 소비지출 ·························· 23

[그림 Ⅳ-1] 미국의 CTC 모형(2013) ·· 29
[그림 Ⅳ-2] 미국의 EITC 모형(2013) ··· 31
[그림 Ⅳ-3] 영국의 CTC 모형(2013~14) ··· 33
[그림 Ⅳ-4] 부양가족 및 ATI에 따른 Part A 급여액(15세인 적격 부양자녀 1명) ···· 37
[그림 Ⅳ-5] CCTB와 NCBS 급여체계 모형 ·· 40
[그림 Ⅳ-6] CCTB와 NCBS 모형(2013~2014년) ·· 41
[그림 Ⅳ-7] 캐나다 WITB 모형(2013년 기준) ··· 44
[그림 Ⅳ-8] 뉴질랜드 IWTC 모형(2013~14년 기준) ····································· 47

[그림 Ⅴ-1] 자녀장려세제(CTC) 모형 ··· 57
[그림 Ⅴ-2] 해외 주요국과의 CTC 및 EITC 지원수준 비교 ······························ 60

[그림 Ⅵ-1] EITC 확대 및 CTC 도입시 빈곤 감소효과(아동가구) ······················· 64

[그림 Ⅵ-2] 2013년도 세제개편안 반영시 빈곤 감소효과(아동가구) ·················· 65
[그림 Ⅵ-3] 2013년도 세제개편안 반영시 빈곤 감소효과(1인 이상 근로소득자 가구) 66
[그림 Ⅵ-4] EITC 확대 및 CTC 도입 시 소득재분배 효과
 (1인 이상 근로소득자 가구) ·· 67
[그림 Ⅵ-5] 2013년도 세제개편안 반영시 소득재분배 효과
 (1인 이상 근로소득자 가구) ·· 68

Ⅰ. 서 론

□ 박근혜정부는 「국민행복, 희망의 새 시대」로 국정비전을 설정하고, 5대 국정목표 중 2번째인 「맞춤형 고용·복지」를 달성하기 위하여 「저출산 극복과 여성 경제활동 확대」전략을 제시함
  ○ 「맞춤형 고용·복지」는 출산에서 노령층이 될 때까지 생애주기별 다양한 복지수요에 능동적으로 대응하고, 국민들이 근로를 통해 자립할 수 있도록 지원하는 한편, 고용과 복지가 긴밀히 연계되는 맞춤형 통합서비스를 제공하고자 하는 것임

□ 이를 위하여 인구구조 고령화의 주요 요인인 저출산 문제를 해소하고 아동빈곤을 예방하기 위한 방안의 하나로 자녀장려세제(Child Tax Credit)를 도입하기로 함

□ 한국의 가족지원(Family Benefits)을 위한 공공지출 수준은 2009년 기준 GDP 대비 1.01%로 OECD 회원국 중 최하위로 나타났으며, OECD 평균치인 2.6%에 비해 크게 낮은 수준임
  ○ 우리나라는 자녀양육을 지원하기 위하여 자녀양육수당, 육아휴직 및 출산전후 휴가급여 등의 현금지원과 아이돌봄서비스·산모신생아도우미 등의 자녀양육 관련 서비스를 지원하고 있으며, 지속적으로 그 범위를 확대하고 있음
  ○ 또한, 아동부양의 필요경비 보전을 위한 다양한 조세지원제도를 시행하고 있으나, 면세점 이하의 근로빈곤층에게는 직접적인 혜택이 돌아가지 못하는 한계가 나타나고 있음

□ 최근에는 많은 OECD 국가들이 지원방식을 소득공제 방식에서 세액공제 방식으로 전환하고, 납세의무자가 납부할 세액이 없거나 그 세액을 초과하는 경우에는 과세당국이 개인이나 가구에 환급을 허용하여 현금지원을 하는 환급형 세액공제(Refundable Tax Credit)가 확대되고 있음[1]

---

1) A number of OECD countries have replaced tax allowances by tax credits in recent years. The main argument in favour of tax credits is that they are of the same value for all taxpayers (if they pay a

- ○ 즉, 환급형 세액공제는 저소득 가구가 충분한 과세소득이 없음에도 불구하고 세제를 통한 혜택을 전부 누릴 수 있으므로 소득 이전과 동일한 효력을 가짐

□ 따라서 자녀장려세제(CTC)의 도입은 아동의 건전한 발달과 사회구성원으로서의 바람직한 역할 수행을 도모하기 위하여 아동이 있는 가구에 대하여 실질적으로 소득을 보전하여 줌으로써 저출산 문제를 극복하고 여성의 경제활동을 확대할 수 있다고 판단됨
  - ○ 2008년도에 도입된 EITC에서 고려하는 자녀요소를 자녀장려세제(CTC)에서도 고려하게 되는바, EITC와 CTC의 수급요건 및 지원수준을 연계하여 하나의 지원세제로 작동하도록 설계하는 것은 제도의 복잡성 지양 및 단순화 측면에서 바람직함

□ 본 연구는 아동빈곤 완화 및 저소득층의 소득재분배 효과를 개선하기 위한 정책방안이 다각도로 모색되고 있는 현 시점에서, 자녀장려세제(Child Tax Credit) 도입의 정책적 함의와 그 기대효과를 다음과 같은 측면에서 살펴보는 데 그 목적이 있음
  - ○ 첫째, 통계청의 『가계동향조사』 및 『한국복지패널』을 이용하여 아동 수 및 가구 경제활동에 따른 우리나라 아동빈곤 현황을 면밀히 분석하고자 함
  - ○ 둘째, 자녀장려세제(CTC) 및 근로장려세제(EITC)를 도입하여 시행하고 있는 미국·영국·호주 등 해외 주요국들의 정책방향이나 지원수준을 파악하고자 함
  - ○ 셋째, 자녀장려세제(CTC)의 도입과 근로장려세제(EITC)의 확대가 미치는 효과를 빈곤 및 소득불평등 완화 측면에서 살펴보고자 함

---

sufficient amount of taxes), whereas the value of tax allowances increase with income in tax systems with progressive tax rates.(OECD(2006), p. 62)

Ⅱ. 우리나라 자녀양육지원제도

1. 자녀양육을 위한 복지지출 현황

□ OECD 기준으로 가족지원을 위한 공공지출(Family Benefits)은 ① 자녀양육 관련 현금지원(child-related cash transfers to families with children), ② 서비스에 대한 공적지출(public spending on services for families with children), ③ 조세체계를 통한 재정지원(financial support for families provided through the tax system)으로 구분할 수 있음[2]
  ① Cash Transfers: 자녀의 나이, 소득수준별로 지급하는 양육수당, 육아휴직급여, 한부모 소득지원, 환급형 자녀장려세제 등
   - 가족현금급여는 아동과 관련해서 가족에게 현금으로 이전하는 것으로 정의되는바, 환급형 세액공제를 포함함
  ② Services: 자녀양육시설이용료 등 자녀양육을 목적으로 한 보육료 지원, 복지시설, 주거지원 등 저소득 가족을 위한 공적지출 등
  ③ Tax Breaks towards Families: 비과세·면세, 소득공제 등을 포함한 조세지출, 비환급형 자녀장려세제 등

□ 한국의 가족지원 공공지출 수준은 GDP 대비 1.01%로 OECD 회원국 33개국 중 최하위로 나타났으며, OECD 평균치인 2.6%에 크게 미달함
  ○ 또한 한국의 가족지원 공공지출을 현금, 서비스, 조세를 통한 지출로 세분화할 경우, 서비스를 통한 지출이 76.1%로 가장 크게 나타났으며, 조세 20.0%, 현금지원 3.9%로 순으로 나타남
   - OECD 회원국 대부분에서 현금지원이 서비스 또는 조세를 통한 지출보다 큰 부분을 차지하는 것과는 다른 특징을 보임

---
[2] OECD는 가족과 아동에 대한 개별 국가의 정책 현황과 정부의 가족부문 지출, 일-가족생활 양립 실태와 아동의 복지 등 가족정책의 성과들을 공유하고자 국제기준에 따라 Family Database를 구축하고 있음

[그림 II-1] OECD 회원국의 현금·서비스·조세를 통한 가족지원 공공지출 수준

(단위: GDP 대비 %)

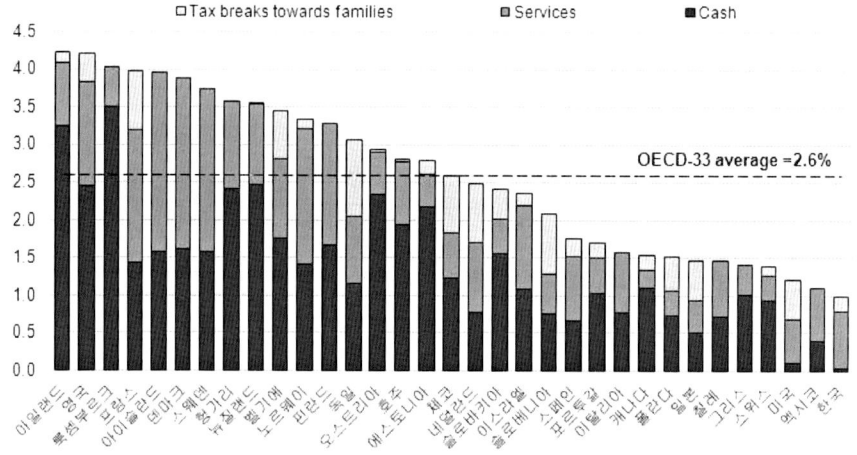

주: 2009년 기준
자료: OECD Family Database

<표 II-1> 주요국의 가족지원제도로 인한 공공지출 구분

(단위: GDP 대비 %)

국가	Cash	Services	Tax Breaks towards families	합계
한국	0.04 (3.9)	0.77 (76.1)	0.20 (20.0)	1.01 (100.0)
미국	0.11 (9.1)	0.59 (48.3)	0.52 (42.7)	1.22 (100.0)
영국	2.46 (58.3)	1.38 (32.7)	0.38 (9.1)	4.22 (100.0)
호주	1.94 (68.8)	0.84 (29.6)	0.05 (1.6)	2.83 (100.0)
캐나다	1.12 (72.0)	0.23 (14.6)	0.21 (13.4)	1.55 (100.0)
뉴질랜드	2.47 (69.3)	1.08 (30.3)	0.02 (0.5)	3.56 (100.0)

주: 2009년 기준, ( )안은 비중을 나타냄
자료: OECD Family Database

2. 자녀양육을 위한 지원제도

가. 세제지원제도

□ 우리나라에서 자녀양육을 지원하기 위해 운영하고 있는 대표적인 세제지원제도는 <표 Ⅱ-2>와 같으며, 2007년 이후 지원수준이 점차 확대되고 있음을 알 수 있음
  ○ 소득공제제도의 경우, 기본공제 및 다자녀추가공제는 지원금액을 확대하였고, 출산·입양공제 및 한부모 소득공제를 각각 2008년과 2013년에 도입하였음
   - 교육비공제는 교육비 공제한도 상향조정을 통하여 지원을 확대하고 있음
  ○ 또한, 근로빈곤가구를 지원하기 위해 2008년에 근로장려세제(EITC)가 도입되었으며, 2012년에는 무자녀가구 지원, 최대급여 인상 등 지원을 확대한 바 있음

<표 Ⅱ-2> 우리나라의 자녀양육을 위한 세제지원제도(2013년 기준)

(단위: 만원)

항목	2007	2008	2009	2010	2011	2012	2013
기본공제(1인당)	100	100	150	150	150	150	150
추가공제(6세 이하)[1]	100	100	100	100	100	100	100
다자녀 추가공제	2인: 50 3인:150 4인:250	2인: 50 3인:150 4인:250	2인: 50 3인:150 4인:250	2인: 50 3인:150 4인:250	2인:100 3인:300 4인:500	2인:100 3인:300 4인:500	2인:100 3인:300 4인:500
출산·입양공제(1인당)	-	200	200	200	200	200	200
한부모 소득공제[2]	-	-	-	-	-	-	100
교육비공제 한도							
- 영유아/초중고 자녀	200	200	300	300	300	300	300
- 대학생 자녀	700	700	900	900	900	900	900
출산·보육수당 비과세한도 (월10만원)	120	120	120	120	120	120	120
근로장려세제(EITC)[3]	-	120	120	120	70~200	70~200	70~210

주: 1) 교육비공제와 중복적용 가능
 2) 배우자가 없고 기본공제대상인 자녀가 있는 한부모 가족 지원, 부녀자공제와 중복배제
 3) 근로장려세제 지급액은 '귀속연도' 기준('13년도 귀속분은 세제개편안 근거)
 1. 2014년부터 다자녀, 자녀양육비, 출산·입양공제는 자녀세액공제로 통합되어 적용
자료: 국회예산정책처(2010), p. 26; 정유석(2012) 참조

나. 세제지원 이외의 각종 복지제도

□ 우리나라의 자녀양육을 위한 세제지원 이외의 각종 지원제도는 <표 Ⅱ-3>과 같으며, 자녀양육수당, 육아휴직 및 출산전후휴가급여 등의 현금지원과 아이돌봄서비스, 돌봄교실, 방과후돌봄서비스, 산모신생아도우미 등의 자녀양육 관련 서비스를 병행하여 시행하고 있음

<표 Ⅱ-3> 우리나라의 자녀양육을 위한 세제지원 외의 각종 복지제도(2013년 기준)

항목	주요 내용
자녀양육수당	
보육료 지원	- 만 0~5세 자녀를 둔 부모들이 자녀를 어린이집이나 유치원에 보내는 경우, 소득계층과 상관없이 누구든지 보육료를 지원함 <연령별 출생연도 및 보육료 지원금액><table><tr><th>연령</th><th>출생연도</th><th colspan="2">지원금액</th></tr><tr><td>만 0세</td><td>2012.1.1일 이후</td><td colspan="2">39.4만원</td></tr><tr><td>만 1세</td><td>2011.1.1~2011.12.31</td><td colspan="2">34.7만원</td></tr><tr><td>만 2세</td><td>2010.1.1~2010.12.31</td><td colspan="2">28.6만원</td></tr><tr><td>만 3세</td><td>2009.1.1~2009.12.31</td><td rowspan="3">22만원 (어린이집 및 사립유치원)</td><td rowspan="3">6만원 (국·공립유치원)</td></tr><tr><td>만 4세</td><td>2008.1.1~2008.12.31</td></tr><tr><td>만 5세</td><td>2007.1.1~2007.12.31</td></tr></table>- 어린이집 또는 유치원을 이용하는 만 12세 이하의 장애아동과 만 5세 이하의 다문화가족 아동에게 보육료 및 유아학비를 전액 지원함
양육수당 지원	- 어린이집 및 유치원을 이용하지 않는 아동이 있는 가구의 부모의 양육부담을 경감하고 보육료 지원아동과 형평성을 제고하기 위해 양육수당을 지원함 - 양육수당은 일반아동 이외 장애아동, 농어촌 아동에게 추가혜택을 줌 <연령 및 대상별 양육수당 지원금><table><tr><th>연령(개월)</th><th>양육수당</th><th>연령(개월)</th><th>장애아동 양육수당</th><th>연령(개월)</th><th>농어촌 양육수당</th></tr><tr><td>0 ~ 11</td><td>20만원</td><td rowspan="4">0 ~ 35</td><td rowspan="4">20만원</td><td>0 ~ 11</td><td>20만원</td></tr><tr><td>12 ~ 23</td><td>15만원</td><td>12 ~ 23</td><td>17.7만원</td></tr><tr><td>24 ~ 35</td><td>10만원</td><td>24 ~ 35</td><td>15.6만원</td></tr><tr><td rowspan="2">36~취학 전</td><td rowspan="2">10만원</td><td>36 ~ 47</td><td>12.9만원</td></tr><tr><td>36~취학 전</td><td>10만원</td><td>48~취학 전</td><td>10만원</td></tr></table>
육아휴직 및 출산전후휴가 급여	
육아휴직 급여	- 만 6세 이하의 자녀를 가진 근로자가 「남녀고용평등과 일 가정 양립 지원에 관한 법률」제19조에 의한 육아휴직을 30일 이상 부여받고, 소정의 수급요건 충족시 매월 통상임금[1]의 40%를 지급받을 수 있음 　• 해당 급여의 상한액은 월 100만원, 하한액은 월 50만원으로 설정

항목	주요 내용
출산전후휴가 급여	- 「근로기준법」 제74조에 따른 출산전후휴가를 부여받은 여성에게 30일분 통상임금 상당액을 지급하는 것임 • 상한액은 비우선지원대상기업인 경우 135만원, 우선지원대상기업은 405만원이며, 하한액은 최저임금을 기준으로 함
기타 현금지원	
임신·출산, 아동 의료비 지원	- 출산장려금: 자치단체마다 자녀순위 및 거주요건 등의 지원기준이 상이하며, 일시금 또는 분할금 등의 다양한 형태로 지원 - 의료기관 외 출산시 출산비 지급: 병·의원이나 조산원이 아닌 곳에서 출산한 자에게 출산일로부터 3년 이내 건강보험공단 지사에 구비서류 제출시 25만원 출산비 지급 - 임신·출산 진료비 지원: 건강보험 가입자 중 임신확인서로 임신이 확인된 신청자에게 임신과 출산에 관련된 진료에 드는 비용 1인당 50만원 지원 - 신생아 난청진단 의료비 지원: 국민기초생활보장 및 의료급여 보장 또는 최저생계비 200% 이하의 저소득층 가구 신생아에게 검사비[2] 지원
위탁·입양아동 지원	- 가정위탁아동 양육보조금 지원: 요보호아동을 보호/양육하기를 희망하는 가정에 위탁할 경우, 아동 1인당 월 12만원 이상 지급 - 입양아동 양육수당 지원: 입양가정에 입양아동이 만 13세가 될 때까지 월 15만원의 양육수당 지급 - 장애아동입양 양육보조금 지원: 국내 입양가정이 중증 장애아동을 입양시 월 62.7만원, 경증 장애아동은 55.1만원의 보조금을 지원
한부모가족 아동 양육비 지원	- 최저생계비 130% 이하 한부모 및 조손가족[3]의 만 12세 미만 자녀 1인당 아동양육비 월 7만원을 지급하며, 조손가족 및 만 25세 이상 미혼한부모 가족의 만 5세 이하 자녀 1인당 월 5만원을 추가적으로 지원 - 또한, 한부모가족(조손가족 포함)의 중학생 및 고등학생 자녀 1인당 연 5만원의 학용품비를 지원하며, 복지시설에 입소한 저소득 한부모 가족에 대해 가구당 월 5만원을 지원
자녀양육 관련 서비스	
아이돌봄서비스	- 취업부모 등의 만 12세 이하 자녀의 양육부담 경감을 위하여, 시간제 또는 영아종일제 아이돌보미가 찾아가 서비스 제공
돌봄교실	- 저소득층 및 맞벌이 가정의 유아 또는 초등학교 자녀에게 방과 후 식사와 다양한 교육프로그램 제공
방과후돌봄서비스	- 만 18세 미만의 방과후 돌봄이 필요한 아동에게 보호, 교육, 급식, 지역사회 자원 연계 등 서비스 제공
산모신생아도우미	- 전국가구 평균소득 50% 이하 출산가정에 1일 8시간, 2주 12일 범위 내 가정방문 도우미서비스를 받을 수 있는 서비스 이용권 지급

주: 1) 사업주가 근로자에게 정기적이고 일률적으로 소정근로 또는 총근로에 대하여 지급하기로 정한 시간급 금액, 일급 금액, 주급 금액, 월급 금액 또는 도급 금액
2) 신생아 청각선별검사비 지원(AOAE 10,000원, AABR 27,000원), 청각선별검사 결과 재검(refer)으로 판정된 경우 난청 확진 검사비 지원(ABR 본인부담금)
3) 국민기초생활수급자 제외
자료: www.mw.go.kr, www.bokjiro.go.kr 참조

III. 우리나라 아동빈곤 현황

1. 우리나라 빈곤 현황 및 국제비교

가. 우리나라 빈곤 추이

□ 일반적으로 빈곤은 절대적 빈곤과 상대적 빈곤으로 구분되며, 우리나라는 절대적 빈곤은 최저생계비를, 상대적 빈곤은 중위소득 50%를 기준으로 삼고 있음
  ○ 절대적 빈곤: 정부 발표 최저생계비 기준의 절대적 빈곤율은 농어가를 제외한 전 가구 기준으로 2011년 시장소득 기준 12.0%, 가처분소득 기준 9.6%로 나타났으며, 2006년 대비 각각 1.3%p, 0.6%p 증가함
  ○ 상대적 빈곤: OECD에서 사용하는 중위소득 50% 기준인 상대적 빈곤율은 농어가를 제외한 전 가구 기준으로 2011년 시장소득 17.0%, 가처분소득 14.3%로 나타나, 2006년 이후 약간의 상승폭을 보이나 큰 변화는 나타나지 않음

[그림 III-1] 한국의 빈곤율 추이

(단위: %)

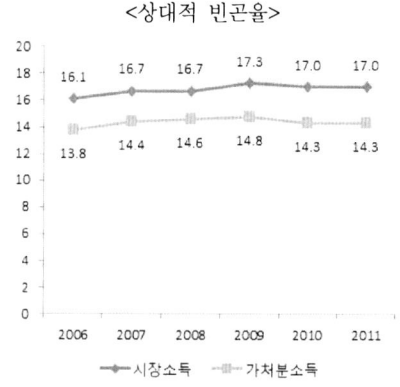

주: 전 가구기준으로 농어가 제외
자료: 2012 빈곤통계연보

나. 국제비교

□ 중위소득 50% 기준으로 34개 OECD 회원국의 2008년 빈곤율을 살펴보면, 우리나라 전체인구 빈곤율은 15.0%로 OECD 평균 11.1%보다 높게 나타남
  ○ 그러나 18세 미만 아동빈곤율[3]은 우리나라가 10.3%로 OECD 34개국 평균 12.6%보다 다소 낮게 나타남
  ○ OECD 국가 중 전체인구 빈곤율이 가장 높은 국가는 멕시코로 21.0%이며, 18세 미만 아동빈곤율이 가장 높은 국가는 이스라엘로 26.6%로 나타남

[그림 III-2] OECD 회원국과 빈곤율(Poverty Rates) 비교(2008)

(단위: %)

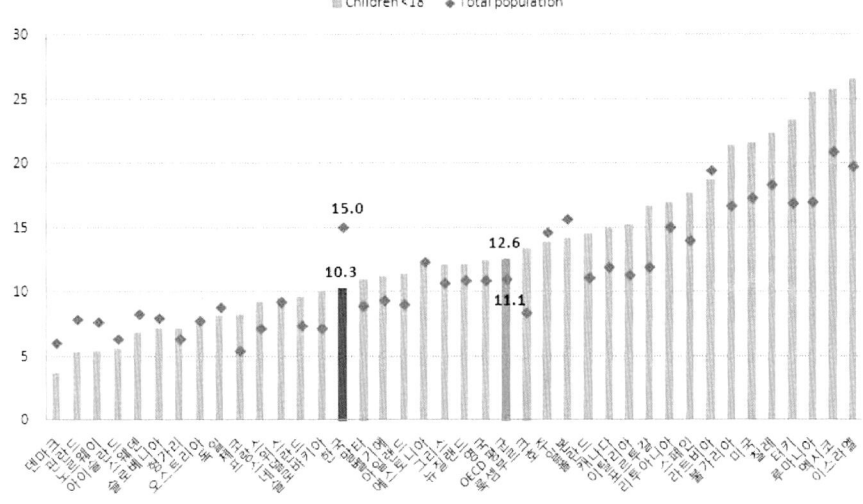

주: 2008년 기준, 단 일본 2006년, 덴마크·헝가리 2007년, 칠레 2009년 기준 적용
자료: OECD Family database

□ 한편, 중위소득 50% 기준 아동이 있는 가구의 빈곤율[4]을 살펴보면, 2008년 자녀

---

[3] the share of all children living in households with an equivalised disposable income of less than 50% of the median for the total population
[4] the share of the population in households with children with an equivalised income of less than 50% of the median

가 있는 한부모 가구의 빈곤율이 자녀가 있는 부부가구에 비해 매우 높게 나타나, 한부모 가구의 빈곤이 상대적으로 심각하다는 것을 알 수 있음
○ 2008년 우리나라의 아동이 있는 전체가구의 빈곤율은 8.6%로 OECD 32개국 평균 11.1%보다 낮음
  - 자녀가 있는 한부모 가구의 아동빈곤율은 우리나라의 경우 20.8%로, 스웨덴 17.9%에 이어 여섯 번째로 낮으며, OECD 32개 회원국 평균은 31.3%임
  - 특히, 우리나라는 한부모 가구의 아동빈곤율이 20.8%로 나타나, 아동이 있는 부부가구의 빈곤율 7.9%보다 2배 이상 높은 것으로 나타남

[그림 III-3] 가구 특성에 따른 빈곤율(Poverty Rates) 비교

(단위: %)

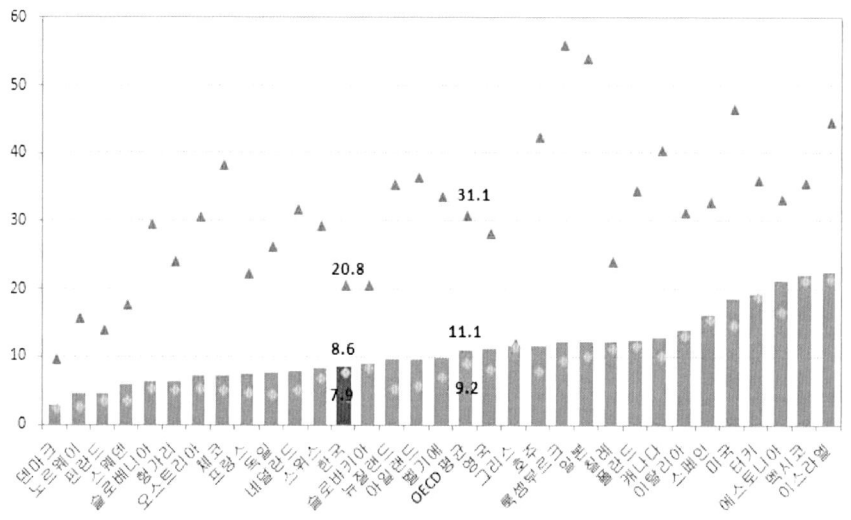

주: 2008년 기준, 단 일본 2006년, 덴마크·헝가리 2007년, 칠레 2009년 기준 적용
자료: OECD Family database

2. 우리나라 아동빈곤 현황

가. 분석자료 및 주요 변수

☐ 자녀장려세제(CTC) 도입방안을 모색하기 위하여 통계청의 『가계동향조사』 2012년 데이터와 『한국복지패널』 7차 자료(2012년)를 이용하여 아동 수 및 가구 경제활동에 따른 우리나라 아동빈곤 현황을 살펴봄
  - ○ 『가계동향조사』: 소비자 물가지수의 가중치 산출이 주 목표였으나 최근에는 소득과 분배를 보여주는 소득분배지표 작성에 무게를 두고 만들어짐
    - 2012년 가계동향조사는 총 82,825가구를 조사하였으며 그 중 아동이 있는 가구는 약 6.9%인 5,732가구로 나타남
  - ○ 『한국복지패널』: 빈곤층 및 차상위층의 가구형태, 소득수준 등의 실태 변화를 동태적으로 파악하여 정책 지원에 기여하기 위한 목적으로 만들어짐
    - 한국복지패널 7차 자료는 2012년도(소득 및 재산 등은 2011년 기준)에 총 35,095가구를 조사하였으며 그 중 아동이 있는 가구는 약 4.6%인 1,598가구로 나타남

☐ 우리나라의 빈곤율을 측정하기 위해 빈곤선은 중위소득 40%, 중위소득 50%, 중위소득 60%로 나누어 설정하며, 소득은 가구균등화된 경상소득[5])을 사용함
  - ○ 또한 자녀장려세제(CTC) 도입시를 고려하기 위해, 전체가구와 아동이 있는 가구를 구분하여 자녀 수, 홑벌이·맞벌이, 소득분위별 등의 분포와 빈곤선 기준별 빈곤율 수준을 종합적으로 살펴봄

나. 분석결과

1) 가구원 수 및 아동 수

---

5) 가구원 수에 따라 후생수준 유지에 필요한 소득이 다른 점을 반영하기 위하여 가구소득을 가구원 수의 제곱근으로 나누어 가구원 1인당 소득을 비교할 때 사용하는 지표인 가구균등화 소득을 이용함

□ 가구원 수 분포에 대해서 『가계동향조사』에서는 4인 가구가 28.43%, 『한국복지패널』에서는 2인 가구가 30.15%로 가장 높게 나타남
  ○ 한편, 아동 수 분포에서는 아동이 없는 가구가 『가계동향조사』 56.66%, 『한국복지패널』 66.92%로 두 데이터 모두 가장 높게 나타남
    - 한편, 아동이 있는 가구에서는 아동 수 2명의 분포가 『가계동향조사』 22.18%, 『한국복지패널』 16.21%로 가장 높게 나타남

[그림 III-4] 가구원 수 및 아동 수 분포 비교

(단위: %)

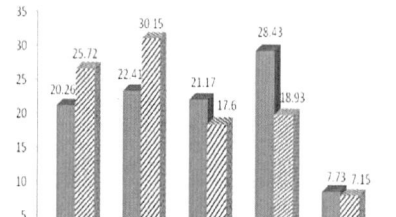
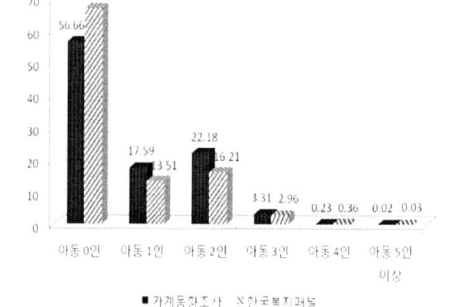

2) 가구 경제활동 분포

□ 가구 경제활동 분포의 경우, 두 데이터가 동일하게 홑벌이의 분포가 맞벌이에 비해 높게 나타나는 반면, 홑벌이 비중은 『가계동향조사』, 맞벌이 비중은 『한국복지패널』에서 각각 상대적으로 높게 나타남
  ○ 홑벌이 비율은 『가계동향조사』는 52.03%, 『한국복지패널』은 47.83%로 가계동향조사가 4.2%p 정도 높게 나타남
  ○ 맞벌이 비율은 『가계동향조사』 41.92%, 『한국복지패널』은 46.92%로 한국복지패널이 5.0%p 높게 나타남

□ 또한, 아동이 있는 가구의 아동 수별 월평균소득은 아동 1인 가구의 월평균소득이 가장 높게, 아동 5인 가구가 가장 낮게 나타남
  ○ 아동 수별 월평균소득에 대한 순위는 두 데이터가 동일하게 나타나나, 『한국복지패널』 가구의 월평균소득이 전반적으로 더 높은 것으로 나타남[6]

[그림 III-5] 가구의 경제활동 및 아동 수에 따른 월평균소득 분포 비교

(단위: 만원, %)

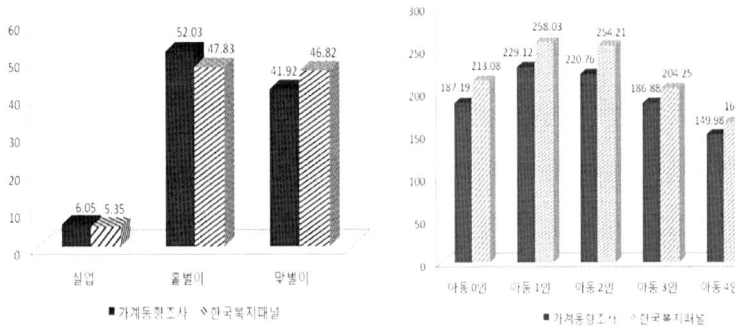

□ 소득분위별 가구경제활동 분포에서는 대체로 소득분위가 낮을수록 실업가구가 많고, 소득분위가 높을수록 맞벌이가구가 높은 것으로 나타남
  ○ 『가계동향조사』에서 실업가구는 1분위가 가장 높고, 9분위가 가장 낮음
    - 한편, 홑벌이 가구는 3분위에서 가장 높고, 10분위가 가장 낮고, 맞벌이 가구는 10분위가 가장 높고, 1분위가 가장 낮게 나타남
  ○ 『한국복지패널』에서 실업가구는 1분위가 가장 높고, 8분위가 가장 낮음
    - 한편, 홑벌이 가구는 3분위에서 가장 높고, 9분위가 가장 낮으며, 맞벌이 가구는 9분위에서 가장 높고, 1분위가 가장 낮게 나타남

---

[6] 한국보건사회연구원의 『2012년 한국복지패널 기초분석 보고서』에 따르면, 한국복지패널은 소득 및 지출수준이 통계청의 가계조사의 결과와 거의 일치하고 있는바, 저소득층의 경우 통계청 조사결과보다 약간 높고, 중산층은 거의 유사하고, 고소득층은 통계청보다 약간 높게 나타남(p. 23)

[그림 III-6] 소득분위에 따른 가구 경제활동 분포 비교

(단위: %)

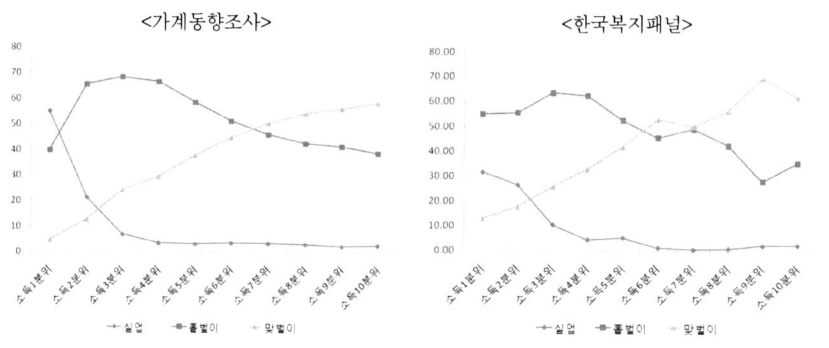

3) 아동빈곤 현황

□ 『가계동향조사』와 『한국복지패널』을 이용하여 전체가구와 아동가구의 빈곤율을 산출한 결과, 아동가구의 중위소득 50%를 기준으로 한 빈곤율은 『가계동향조사』와 『한국복지패널』이 각각 8.50%, 6.98%로 나타남

○ 『가계동향조사』 자료를 활용한 경우가 전체적으로 높게 나타나지만, 빈곤선에 따른 증가폭은 유사한바, 빈곤선 기준을 상향 조정할수록(중위소득 40%→50%→60%) 두 데이터 간의 빈곤율 격차가 점차 감소하는 것으로 나타남

[그림 III-7] 가구 구분별 빈곤율 비교

(단위: %)

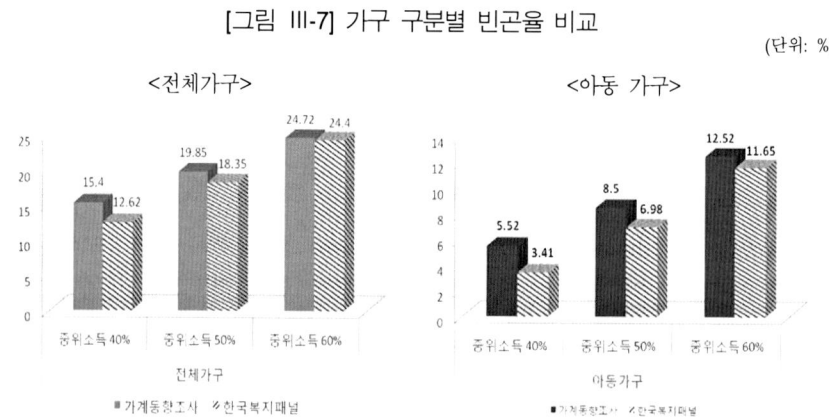

□ 상대적 빈곤 기준으로 주로 활용되는 중위소득 50% 기준으로 살펴본 빈곤율은 『가계동향조사』와 『한국복지패널』 모두 아동이 1인인 경우가 가장 높게 나타남
  ○ 『가계동향조사』의 아동 수에 따른 빈곤율 분포는 중위소득 50% 기준으로 아동 1명 가구 3.95%, 아동 2명 가구 3.5%, 아동 3명 가구 0.85%, 아동 4명 가구 0.17%, 아동 5명 가구 0.04%로 나타남
    - 각 아동 수에 따른 가구의 빈곤비율(=아동 수별 빈곤율/아동 수별 가구비중)은 아동 1명 가구는 9.7%, 아동 2명 가구는 6.8%, 아동 3명 가구는 11.1%, 아동 4명 가구는 31.5%, 아동 5명 가구는 80%로 나타남

<표 III-1> 아동 수별 빈곤율 비교

(단위: %)

	아동 수	빈곤 여부				가구 비중	
		비빈곤		빈곤			
가계동향조사	1	36.64	(90.2)	3.95	(9.7)	40.6	(100.0)
	2	47.69	(93.2)	3.5	(6.8)	51.19	(100.0)
	3	6.78	(88.9)	0.85	(11.1)	7.63	(100.0)
	4	0.37	(68.5)	0.17	(31.5)	0.54	(100.0)
	5	0.01	(20.0)	0.04	(80.0)	0.05	(100.0)
	합계	91.5	(91.5)	8.5	(8.5)	100	(100.0)
한국복지패널	1	37.44	(91.7)	3.4	(8.3)	40.84	(100.0)
	2	46.56	(95.0)	2.45	(5.0)	49.01	(100.0)
	3	8.08	(90.2)	0.88	(9.8)	8.96	(100.0)
	4	0.94	(85.5)	0.16	(14.5)	1.1	(100.0)
	5	0	(0.0)	0.1	(100.0)	0.1	(100.0)
	합계	93.02	(93.0)	6.98	(7.0)	100	(100.0)

주: ( ) 안은 각 아동 수에 따른 가구의 빈곤비율임

□ 홑벌이와 맞벌이 가구의 빈곤율 비교시, 아동이 있는 홑벌이 가구의 빈곤율이 맞벌이 가구보다 더 높게 나타남
  ○ 아동 1, 2인이 있는 홑벌이 가구는 『가계동향조사』 빈곤율이 『한국복지패널』에 비해 높게 나타났으나, 아동 3인 이상 가구는 『한국복지패널』 자료가 더 높게 나타남

○ 맞벌이 가구는 『가계동향조사』와 『한국복지패널』 모두 아동 2인 가구의 빈곤율이 가장 높음

<표 III-2> 가계동향조사와 한국복지패널을 이용한 빈곤현황 비교

(단위: %)

분석내용	구분			가계동향조사	한국복지패널
빈곤율	전체가구	중위소득 40%		15.40	12.62
		중위소득 50%		19.85	18.35
		중위소득 60%		24.72	24.40
	아동 가구	중위소득 40%		5.52	3.41
		중위소득 50%		8.50	6.98
		중위소득 60%		12.52	11.65
아동 수 및 가구경제활동 빈곤분포	중위소득 50%	실업	아동 1인	26.09	30.48
			아동 2인	13.87	7.56
			아동 3인	5.09	2.56
			아동 4인	0.33	0.12
			아동 5인	0.00	0.00
			합계	45.38	40.73
		홑벌이	아동 1인	4.06	3.07
			아동 2인	4.25	2.81
			아동 3인	0.89	1.21
			아동 4인	0.13	0.19
			아동 5인	0.08	0.21
			합계	9.41	7.48
		맞벌이	아동 1인	0.62	0.64
			아동 2인	1.06	1.49
			아동 3인	0.18	0.34
			아동 4인	0.19	0.13
			아동 5인	0.00	0.00
			합계	2.06	2.61

□ 중위소득 50% 기준으로 아동 수, 소득분위 및 가구 경제활동에 다른 빈곤 분포는 『가계동향조사』와 『한국복지패널』 모두 소득 2분위까지 나타남
  ○ 『가계동향조사』의 경우에는 중위소득 50%를 기준으로 소득 1분위의 100%, 2분위의 98.13%가 빈곤 상태에 있음
  ○ 『한국복지패널』의 경우에는 중위소득 50%를 기준으로 소득 1분위와 2분위의 79.55%가 빈곤 상태에 있음

[그림 III-8] 중위소득 50% 기준 아동 수, 가구 경제활동별 빈곤분포 비교

(단위: %)

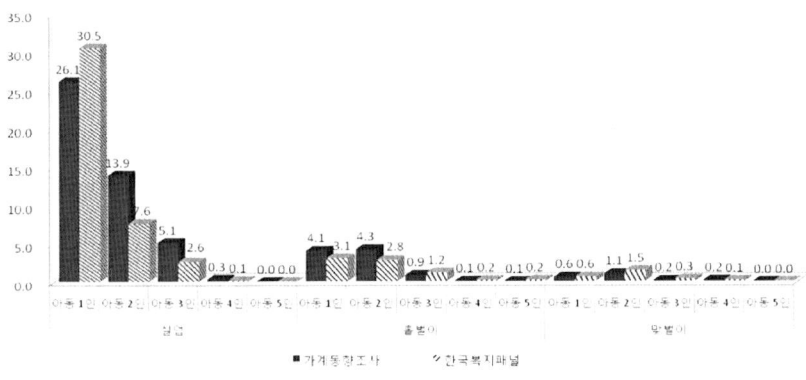

□ 한편, 중위소득 50% 기준으로 빈곤은 소득 2분위까지 나타나나, 소득 2분위에서는 가구 경제활동에 따른 차이를 보임
  ○ 『가계동향조사』의 경우 소득 2분위에서 홑벌이 가구는 98.26%, 맞벌이 가구는 96.76%가 빈곤에 처해 있어 홑벌이 가구의 빈곤 비중이 더 높게 나타났으며, 『한국복지패널』에서는 소득 2분위의 경우 맞벌이 가구가 88.80%로 홑벌이 가구 72.06%보다 빈곤 비중이 더 높게 나타남
  ○ 『가계동향조사』에서는 실업가구를 제외하고 소득 1분위의 아동 2인의 경우에 맞벌이 가구 73.39%, 홑벌이 가구 46.01%로 빈곤 분포가 가장 높게 나타남
    - 『가계동향조사』와 동일하게 『한국복지패널』에서도 소득 1분위의 아동 2인 맞벌이 가구의 빈곤분포는 74.2%, 홑벌이 가구 46.5%로 유사하게 나타남

<표 III-3> 이동 수 및 소득분위별 빈곤 분포(중위소득 50% 기준)

(단위: %)

이동 수		가계동향조사							한국복지패널					
소득분위		1	2	3	4	5	6	합계	1	2	3	4	5	합계
1	빈곤	49.59	39.96	9.53	0.93	0.00	0.00	100.00	48.99	42.76	8.25	0.00	0.00	100.00
	비빈곤	0.00	0.00	0.00	0.00	0.00	0.00	0.00	0.00	0.00	0.00	0.00	0.00	0.00
2	빈곤	44.18	40.87	10.00	2.41	0.66	0.00	98.13	38.67	24.75	11.71	2.70	1.72	79.55
	비빈곤	0.52	0.71	0.64	0.00	0.00	0.00	1.87	10.94	8.87	0.65	0.00	0.00	20.45
3	빈곤	0.00	0.00	0.00	0.00	0.00	0.00	0.00	0.00	0.00	0.00	0.00	0.00	0.00
	비빈곤	38.33	49.35	10.76	1.44	0.10	0.02	100.00	38.52	46.34	12.81	2.33	0.00	100.00
4	빈곤	0.00	0.00	0.00	0.00	0.00	0.00	0.00	0.00	0.00	0.00	0.00	0.00	0.00
	비빈곤	36.07	54.47	8.99	0.45	0.02	0.00	100.00	47.25	37.27	11.75	3.74	0.00	100.00
5	빈곤	0.00	0.00	0.00	0.00	0.00	0.00	0.00	0.00	0.00	0.00	0.00	0.00	0.00
	비빈곤	36.60	53.77	9.26	0.37	0.00	0.00	100.00	33.24	51.47	13.81	1.48	0.00	100.00
6	빈곤	0.00	0.00	0.00	0.00	0.00	0.00	0.00	0.00	0.00	0.00	0.00	0.00	0.00
	비빈곤	35.61	55.63	8.62	0.13	0.00	0.00	100.00	35.60	57.27	7.13	0.00	0.00	100.00
7	빈곤	0.00	0.00	0.00	0.00	0.00	0.00	0.00	0.00	0.00	0.00	0.00	0.00	0.00
	비빈곤	38.59	53.53	7.71	0.17	0.00	0.00	100.00	33.01	59.34	7.64	0.00	0.00	100.00
8	빈곤	0.00	0.00	0.00	0.00	0.00	0.00	0.00	0.00	0.00	0.00	0.00	0.00	0.00
	비빈곤	42.65	51.50	5.32	0.54	0.00	0.00	100.00	44.18	45.23	9.97	0.63	0.00	100.00
9	빈곤	0.00	0.00	0.00	0.00	0.00	0.00	0.00	0.00	0.00	0.00	0.00	0.00	0.00
	비빈곤	46.12	48.71	5.00	0.16	0.00	0.00	100.00	40.76	53.59	5.65	0.00	0.00	100.00
10	빈곤	0.00	0.00	0.00	0.00	0.00	0.00	0.00	0.00	0.00	0.00	0.00	0.00	0.00
	비빈곤	48.06	48.43	3.30	0.22	0.00	0.00	100.00	50.32	46.72	2.52	0.44	0.00	100.00

<표 Ⅲ-4> 이동 수, 소득분위 및 가구 경제활동에 따른 빈곤분포(중위소득 50% 기준)

(단위: %)

이동 수	가계동향조사 소득 1분위						한국복지패널 소득 1분위					
	실업		출벌이		맞벌이		실업		출벌이		맞벌이	
	비빈곤	빈곤	비빈곤	빈곤	비빈곤	빈곤	비빈곤	빈곤	비빈곤	빈곤	비빈곤	빈곤
1	0.00	58.37	0.00	41.34	0.00	17.60	0.00	76.58	0.00	41.42	0.00	13.43
2	0.00	32.63	0.00	46.01	0.00	73.39	0.00	23.42	0.00	46.54	0.00	74.21
3	0.00	8.16	0.00	12.02	0.00	4.55	0.00	0.00	0.00	12.05	0.00	12.36
4	0.00	0.83	0.00	0.63	0.00	4.46	0.00	0.00	0.00	0.00	0.00	0.00
5	0.00	0.00	0.00	0.00	0.00	0.00	0.00	0.00	0.00	0.00	0.00	0.00
합계	0.00	100.00	0.00	100.00	0.00	100.00	0.00	100.00	0.00	100.00	0.00	100.00

이동 수	소득 2분위						소득 2분위					
	실업		출벌이		맞벌이		실업		출벌이		맞벌이	
	비빈곤	빈곤	비빈곤	빈곤	비빈곤	빈곤	비빈곤	빈곤	비빈곤	빈곤	비빈곤	빈곤
1	0.78	55.64	0.52	42.98	0.10	31.14	6.98	67.97	13.81	29.45	2.56	25.26
2	0.55	27.68	0.62	44.12	1.41	46.35	1.08	14.73	12.94	23.30	8.64	45.79
3	0.10	14.68	0.61	8.59	1.73	9.36	0.00	8.82	1.19	13.33	0.00	11.81
4	0.00	0.57	0.00	1.56	0.00	9.91	0.00	100.00	0.00	2.82	0.00	5.94
5	0.00	0.00	0.00	1.01	0.00	0.00	0.00	0.00	0.00	3.17	0.00	0.00
합계	1.43	98.57	1.74	98.26	3.24	96.76	8.05	91.95	27.94	72.06	11.20	88.80

4) 소득 및 지출현황

가) 소득현황

□ 『가계동향조사』를 이용하여 아동 수, 가구 경제활동에 따른 월평균 경상소득을 살펴본 결과, 홑벌이 가구의 경우는 아동 2명, 맞벌이 가구는 아동 1명 가구에서 가장 높게 나타남
  ○ 홑벌이 가구의 경우, 아동 2명 가구가 약 411만원으로 가장 높게 나타났으며, 아동 수 1인을 제외하고 아동 수가 증가할수록 소득이 점차 낮아짐
  ○ 맞벌이 가구는 아동 1인이 있는 경우 월평균 경상소득이 약 512만원으로 가장 높게 나타났으며, 아동 수가 증가할수록 소득이 낮아지는 양상을 보임

<표 III-5> 아동 수별 가구 경제활동에 따른 월평균 경상소득(가계동향조사)

(단위: 만원)

아동 수	실업	홑벌이	맞벌이
1	212.48	376.67	512.73
2	273.33	411.12	502.30
3	254.35	407.35	466.28
4	153.57	312.03	429.88
5	.	217.95	.

[그림 III-9] 아동 수, 가구 경제활동에 따른 월평균 경상소득(가계동향조사)

(단위: 만원)

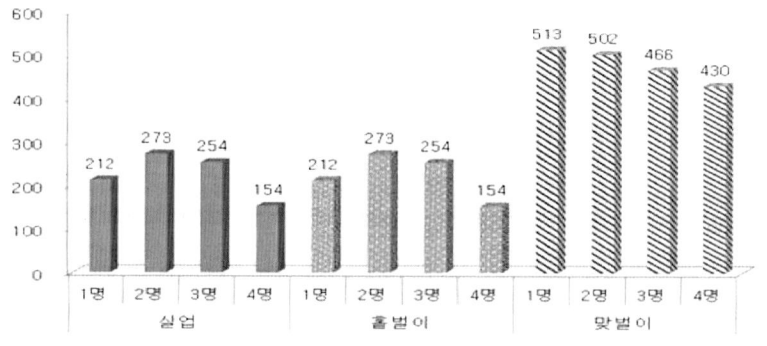

□ 소득분위별 아동 수, 가구 경제분포에 따른 월평균 경상소득을 살펴보면, 소득 1분위와 소득 9분위, 소득 10분위에서는 홑벌이 가구의 경상소득이 더 많은 것으로 나타남
   ○ 소득 1분위에서의 월평균 경상소득은 홑벌이 가구는 약 28만원, 맞벌이 가구는 약 24만원으로 홑벌이 가구가 더 높게 나타남
   ○ 반면, 소득 2분위에서는 맞벌이 가구의 월평균 경상소득이 약 74만원으로 홑벌이 가구 약 72만원보다 약 2만원 많은 것으로 나타남

□ 한편, 소득분위별로 살펴본 아동 수별 월평균 경상소득은 소득 1분위 맞벌이 가구를 제외하고는 맞벌이 유무에 따라 아동 수별로 크게 차이를 보이지 않음
   ○ 소득 1분위의 아동 수가 1명인 경우, 홑벌이 가구와 맞벌이 가구의 경상소득은 각각 약 27만원, 약 35만원으로 약 8만원의 차이를 보임
      - 아동 수가 2명인 경우에는 홑벌이 가구와 맞벌이 가구의 경상소득은 각각 약 26만원, 약 22만원으로 약 4만원의 차이를 보임
   ○ 소득 2분위의 아동 수가 1명인 경우의 홑벌이 가구와 맞벌이 가구의 경상소득은 각각 약 71만원, 75만원으로 약 4만원의 차이를 보임
      - 아동 수가 2명인 경우에는 홑벌이 가구 약 74만원, 맞벌이 가구 73만원으로 약 1만원의 차이가 나타남

(단위: 만원)

<표 III-6> 소득분위별 이동 수, 가구 경제분포에 따른 월평균 경상소득(가계동향조사)

이동 수	소득 1분위			소득 2분위			소득 3분위			소득 4분위			소득 5분위		
	실업	출별이	맞별이	실업	출별이	맞별이	실업	출별이	맞별이	실업	출별이	맞별이	실업	출별이	맞별이
1	19.86	26.93	34.67	68.27	70.81	74.75	104.03	108.99	109.96	136.29	138.25	139.24	166.64	165.12	166.01
2	19.60	26.16	21.57	69.39	73.65	72.76	106.69	108.11	108.52	137.40	137.51	138.46	167.08	165.03	165.62
3	24.67	35.58	43.01	62.47	73.65	75.25	99.65	107.09	108.14	136.61	135.56	136.91	166.18	162.38	164.52
4	17.02	36.15	6.36	57.72	74.84	79.81	0.00	106.39	104.38	0.00	139.97	136.91	160.58	168.11	166.94
5	0.00	0.00	0.00	0.00	71.37	0.00	0.00	116.06	0.00	0.00	132.33	0.00	0.00	0.00	0.00
전체평균	20.14	27.67	24.17	67.67	72.41	74.36	105.05	108.38	108.69	136.88	137.67	138.46	166.72	164.80	165.66

이동 수	소득 6분위			소득 7분위			소득 8분위			소득 9분위			소득 10분위		
	실업	출별이	맞별이	실업	출별이	맞별이	실업	출별이	맞별이	실업	출별이	맞별이	실업	출별이	맞별이
1	191.86	193.50	193.71	219.39	224.26	224.43	262.93	261.98	264.41	319.51	321.49	319.90	545.02	503.83	492.93
2	192.21	192.62	193.97	228.28	223.84	224.83	263.34	264.13	263.14	316.17	321.18	321.45	413.33	523.95	473.81
3	193.95	189.84	194.84	220.95	223.15	223.75	270.82	267.65	266.04	300.01	316.56	322.42	425.39	517.23	488.55
4	0.00	202.74	195.84	209.78	0.00	221.78	0.00	264.58	259.67	0.00	329.28	332.06	0.00	513.60	408.24
5	0.00	0.00	0.00	0.00	0.00	0.00	0.00	0.00	0.00	0.00	0.00	0.00	0.00	0.00	0.00
전체평균	192.18	192.69	193.96	223.33	223.94	224.59	264.19	263.52	263.80	317.12	321.03	320.78	475.06	513.73	483.13

나) 지출현황

□ 『가계동향조사』를 이용하여 살펴본, 아동 수에 따른 월평균 소비지출은 아동 수가 3명인 경우를 제외하고는 맞벌이 가구의 지출이 더 높게 나타났으며, 대부분의 아동가구는 경제활동 상황과 관계없이 아동 수가 증가할수록 소비지출이 증가하다가 아동 4명 이후부터는 감소하는 경향을 보임

<표 III-7> 아동 수, 가구 경제활동에 따른 월평균 소비지출(가계동향조사)

(단위: 만원)

아동 수	실업	홑벌이	맞벌이
1	189.05	250.39	291.92
2	230.49	282.35	308.72
3	232.70	319.02	312.69
4	231.65	232.30	298.97
5	.	210.26	.

[그림 III-10] 아동 수, 가구 경제활동에 따른 월평균 소비지출(가계동향조사)

(단위: 만원)

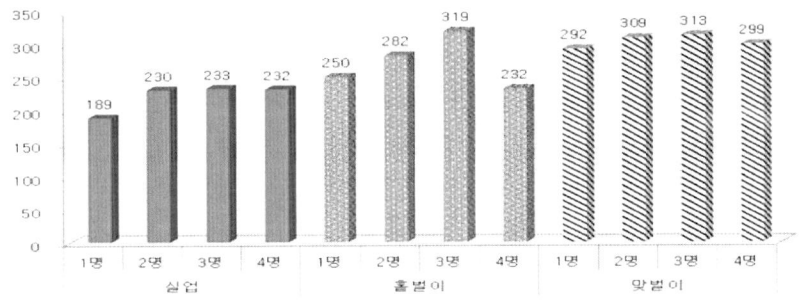

□ <표 III-8>에서 알 수 있는 바와 같이, 소득분위, 아동 수, 가구 경제활동 분포에 따른 월평균 소비지출은 대부분 빈곤상태에 놓여 있는 소득 1분위와 소득 2분위에서 월평균 소비지출이 홑벌이보다 맞벌이 가구가 더 많게 나타남
  ○ 소득 1분위에서 홑벌이와 맞벌이 가구가 각각 약 172만원과 약 211만원이며, 소득 2분위에서는 홑벌이 가구가 약 168만원, 맞벌이 가구가 약 184만원임
  ○ 즉, 소득 1~5분위에서는 맞벌이 가구가, 소득 6~10분위는 소득 8분위를 제외하고는 홑벌이 가구의 지출이 높게 나타남

<표 III-8> 소득분위별 이동 수, 가구 경제분포에 따른 월평균 소비지출(가계동향조사)

(단위: 만원)

이동 수	소득 1분위			소득 2분위			소득 3분위			소득 4분위			소득 5분위		
	실업	출별이	맞벌이	실업	출별이	맞벌이	실업	출별이	맞벌이	실업	출별이	맞벌이	실업	출별이	맞벌이
1	145.40	157.82	183.03	137.27	152.50	209.75	152.92	186.98	193.43	181.49	207.60	212.27	210.37	223.73	240.24
2	171.49	185.36	203.56	173.32	172.64	159.81	183.34	202.83	205.87	225.99	239.08	240.18	228.16	259.26	252.16
3	170.84	166.81	269.06	157.21	218.15	208.61	178.12	223.62	231.48	272.34	268.75	230.31	274.75	302.81	307.13
4	234.41	237.73	373.50	168.67	183.32	195.10	0.00	208.29	188.40	0.00	274.99	234.42	270.40	245.11	294.63
5	0.00	0.00	0.00	0.00	184.06	0.00	0.00	314.76	0.00	0.00	272.40	0.00	0.00	0.00	0.00
전체평균	156.74	172.07	210.50	150.58	168.35	184.32	167.30	198.13	207.47	212.25	228.80	231.22	220.61	250.30	253.00

이동 수	소득 6분위			소득 7분위			소득 8분위			소득 9분위			소득 10분위		
	실업	출별이	맞벌이	실업	출별이	맞벌이	실업	출별이	맞벌이	실업	출별이	맞벌이	실업	출별이	맞벌이
1	215.71	246.24	253.27	259.80	258.45	267.97	254.64	307.35	298.08	317.36	342.88	318.70	426.28	388.36	383.67
2	241.56	282.75	271.68	252.16	314.67	297.61	341.24	326.87	345.49	341.92	372.17	356.00	469.64	446.29	440.32
3	408.96	335.05	289.53	277.30	334.40	325.94	354.22	391.98	342.02	402.14	477.95	410.81	405.49	699.94	621.43
4	0.00	290.80	296.35	331.98	0.00	362.51	0.00	265.17	452.60	0.00	529.58	402.93	0.00	527.47	451.12
5	0.00	0.00	0.00	0.00	0.00	0.00	0.00	0.00	0.00	0.00	0.00	0.00	0.00	0.00	0.00
전체평균	243.34	274.16	267.15	259.37	294.83	288.31	297.19	323.28	324.88	331.34	366.21	340.65	449.12	428.26	418.83

3. 요약[7]

☐ 아동 수와 월평균소득은 반비례하는 것으로 나타남
  ○ 아동 수별 월평균소득을 살펴보면, 아동이 1인인 경우에 『가계동향조사』와 『한국복지패널』 모두 월평균소득이 가장 높게 나타났으며, 아동이 5인인 경우가 가장 낮게 나타남
  ○ 『가계동향조사』에서는 아동 1인인 경우 월평균소득이 약 229만원으로 가장 높게 나타났으며, 이어서 아동 2인인 경우가 약 221만원, 아동 3인 약 187만원, 아동 4인 약 150만원, 아동 5인가구는 약 81만원 순으로 나타남

☐ 소득분위에 따른 가구의 경제활동 분포를 살펴보면, 『가계동향조사』와 『한국복지패널』 모두 소득분위가 낮을수록 실업 가구가 많고, 소득분위가 높을수록 맞벌이 가구가 높은 비중을 차지하고 있음
  ○ 『가계동향조사』의 경우 홑벌이 가구는 소득 3분위에서 68.45%로 가장 높고, 소득 10분위에서 38.92%로 가장 낮음
  ○ 반면, 맞벌이 가구는 소득 10분위에서 58.42%로 가장 높고, 소득 1분위에서 4.85%로 가장 낮게 나타남
  ○ 실업 가구는 소득 1분위에서 55.16%로 가장 높고, 소득 9분위에서 2.33%로 가장 낮게 나타남

☐ 상대적 빈곤 기준으로 주로 활용되는 중위소득 50% 기준 빈곤율은 『가계동향조사』와 『한국복지패널』 모두 아동이 1인인 경우 가장 높게 나타남
  ○ 『가계동향조사』의 아동 수에 따른 빈곤율 분포는 중위소득 50% 기준으로 아동 1명 가구 3.95%, 아동 2명 가구 3.5%, 아동 3명 가구 0.85%, 아동 4명 가구 0.17%, 아동 5명 가구 0.04%로 나타남
    - 각 아동 수에 따른 가구의 빈곤비율(=아동 수별 빈곤율/아동 수별 가구비중)은 아동 1명 가구는 9.73%, 아동 2명 가구는 6.84%, 아동 3명 가구는 11.14%, 아동 4명 가구는 31.48%, 아동 5명 가구는 80%로 나타남

---

[7] 빈곤율은 OECD 등 국제기구에서 국가 간 비교시 상대빈곤 기준으로 주로 활용되는 중위소득 50% 기준으로 주로 비교함

□ 홑벌이와 맞벌이 가구의 빈곤율 비교시, 아동이 있는 홑벌이 가구의 빈곤율이 맞벌이 가구보다 더 높게 나타남
  ○ 중위소득 50% 기준으로 『가계동향조사』의 홑벌이 가구의 빈곤율은 9.41%, 맞벌이 가구의 빈곤율은 2.06%임
    - 홑벌이와 맞벌이 가구는 아동 2명인 경우의 빈곤율이 각각 4.25% 1.06%로 가장 높게 나타났으며, 이어서 아동 1명으로 홑벌이와 맞벌이 가구가 각각 4.06%, 0.62%의 순임

□ 중위소득 50% 기준으로 아동 수, 소득분위 및 가구 경제활동에 다른 빈곤 분포는 『가계동향조사』와 『한국복지패널』 모두 소득 2분위까지 나타났으나, 소득 2분위에서 가구 경제활동에 따른 차이를 보임
  ○ 『가계동향조사』의 경우 소득 2분위에서 홑벌이 가구는 98.26%, 맞벌이 가구는 96.76%가 빈곤에 처해 있어 홑벌이 가구의 빈곤 비중이 더 높게 나타났으며, 『한국복지패널』에서는 소득 2분위의 경우 맞벌이 가구가 88.80%로 홑벌이 가구 72.06%보다 빈곤 비중이 더 높게 나타남
  ○ 『가계동향조사』에서는 실업가구를 제외하고 소득 1분위의 아동 2인의 경우에 맞벌이 가구 73.39%, 홑벌이 가구 46.01%로 빈곤 분포가 가장 높게 나타남
    - 『가계동향조사』와 마찬가지로 『한국복지패널』의 소득 1분위의 아동 2인을 둔 맞벌이 가구의 빈곤 분포는 74.21%, 홑벌이 가구 46.54%로 유사함

□ 『가계동향조사』의 아동 수에 따른 홑벌이와 맞벌이의 소비지출 비교시, 전반적으로 맞벌이 가구가 홑벌이보다 지출금액이 큰 것으로 나타나며, 아동 1~3명에서는 아동 수가 증가할수록 지출금액이 증가하는 것으로 나타남
  ○ 특히, 대부분 빈곤상태에 놓여 있는 소득 1분위와 소득 2분위에서 월평균 소비지출이 홑벌이보다 맞벌이 가구가 더 많게 나타남
    - 소득분위별로 살펴보면 빈곤층이 속하는 소득 5분위 이하 가구들의 경우, 맞벌이의 가계 및 소비지출 금액이 크게 나타났으며, 6분위 이상 가구들은 홑벌이의 지출금액이 더 크게 나타남

Ⅳ. 주요국의 CTC와 EITC의 운영사례

1. 미국

가. Child Tax Credit(CTC)[8]

□ 자녀장려세제(Child Tax Credit: CTC)는 자녀를 둔 중산층 가구를 지원하기 위해 만들어진 비환급형 세액공제제도(Non-Refundable Tax Credit)로서 1997년 The Taxpayer Relief Act에 의하여 입법화된 후, 1998년 시행됨
  ○ 도입 이후 경제성장에 따라 공제금액이 점진적으로 확대 시행됨
    - 1998년 자녀 1인당 USD 400로 시작하여, 2000년 USD 500, 2001~2002년 USD 600, 2003년 이후 USD 1,000로 공제금액이 크게 증가함
    - 미국의 CTC는 2012년 이후 적격 자녀당 USD 500로 지원수준이 환원될 예정이었으나 The American Taxpaper Relief Act 2012의 제정으로 인하여 지원수준이 USD 1,000로 영구적으로 확대됨[9]

□ CTC는 비환급형 세액공제제도임에도 불구하고, 소득세 납부세액에서 자녀장려세제 공제 후 잔액이 있는 경우, 잔액의 전부 또는 일부를 현금으로 지급받을 수 있는바, 이를 "추가자녀장려세제(Additional CTC: ACTC)"라고 함
  ○ 2001년 이후로 자녀 수에 상관없이 최소 소득요건을 설정하여 최종 급여액이 납부할 세액을 초과하는 경우, 2013년 기준으로는 최소 소득 USD 3,000 초과분의 15%를 한도로 환급하고 있음
  ○ 특히, CTC는 신청요건시 2013년 기준 USD 3,300를 초과하는 투자소득이 있는 경우에는 신청할 수 없는 EITC와는 달리 투자소득에 대한 제한을 두지 않고 있음

---

[8] http://www.irs.gov/pub/irs-pdf/p972.pdf
[9] The American Taxpayer Relief Act extends permanently the USD1,000 child tax credit.

<표 IV-1> 미국의 CTC 변천과정

연도	최대급여	최소 소득에 따른 환급 여부 (Additional CTC)		점감률	Phase-out Threshold
2000	USD 500	No		5%	부부별도 : USD 55,000 독신·가장 : USD 75,000 부부합산 : USD 110,000
2001	USD 600	한도: 최소 소득 초과분의 10%	USD 10,000		
2002			USD 10,350		
2003			USD 10,500		
2004	USD 1,000	한도: 최소 소득 초과분의 15%	USD 10,750		
2005			USD 11,000		
2006			USD 11,300		
2007			USD 11,750		
2008			USD 8,500		
2009			USD 3,000		
2010			USD 3,000		
2011			USD 3,000		
2012			USD 3,000		
2013			USD 3,000		

자료: Tax Policy center, Child-Related Tax Credits, 2000-2013

□ 자녀장려세제(CTC) 제도는 모든 가구가 매년 4월 중 전년도 귀속분에 대한 소득세 신고서를 제출하면 이에 기초하여 소득세 납부세액 및 CTC 급여금액을 결정하는 운영체계임
  ○ 조정총소득(AGI), 신고지위(홑벌이, 맞벌이), 자녀 수를 고려하여 CTC 급여액이 결정되고, 소득수준별로 "점증, 평탄, 점감구간"에 따라 급여액은 달라지며, 자녀 1인당 최대 USD 1,000까지 공제 가능함
  ○ 최대급여액은 가구별로 부양자녀 수, 수정된 조정총소득(modified adjusted gross income(AGI))[10], 그리고 소득신고 유형(홑벌이, 맞벌이)에 따라 산출됨
    - 부부별도 USD 55,000, 독신·가장 USD 75,000, 부부합산 USD 110,000

---

10) 세금신고서상 총소득에서 일부 금액을 배제함으로써 증가된 조정총소득을 의미함

[그림 IV-1] 미국의 CTC 모형(2013)

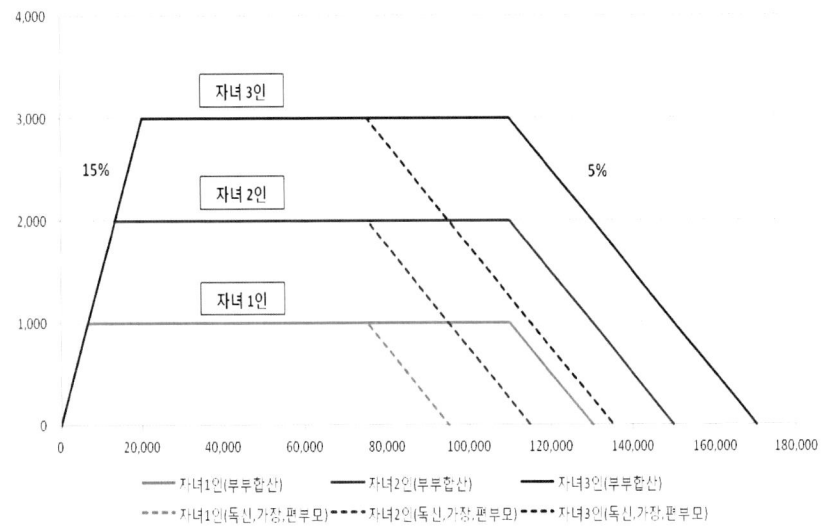

자료: www.irs.gov

나. Earned Income Tax Credit(EITC)[11]

☐ 근로장려세제(Earned Income Tax Credit: EITC)란 근로빈곤층의 근로유인을 제고하고 실질적인 소득지원을 목적으로 만들어진 환급가능 세액공제제도임
  ○ 1975년 「조세감면법」(Tax Reduction Act 1975)에 규정되어 처음으로 도입되었으며, 도입 초기 부양가족이 있는 저소득 근로자가 기납부한 사회보장세를 환급해 주는 수준이었음[12]
  ○ 1975년 제도 도입 이후 EITC는 1986년, 1990년, 1993년 등 세법개정에 의한 제도적 변화를 통해 지속적으로 확대됨

☐ 저소득 근로자 가구 중 소득, 거주, 부양아동, 연령 요건 등을 충족해야 EITC를 신청할 수 있음
  ○ EITC를 적용받기 위한 소득요건은 2013년 기준 조정총소득(AGI)[13]이 자녀 1인 USD 37,870(부부합산시 USD 43,210), 자녀 2인 USD 43,038(부부합산시

---
11) http://www.irs.gov/pub/irs-pdf/p596.pdf
12) 김재진(2009) 참조
13) AGI는 Form 1040EZ의 line 4, Form 1040의 line 22, Form 1040의 line 38상의 금액임

USD 48,378), 자녀 3인 이상인 경우 USD 46,227(부부합산시 USD 51,567) 미만이어야 함
- 또한, 2013년 기준 투자소득14)이 USD 3,300 이하이어야 EITC를 신청할 수 있음

<표 IV-2> 미국의 EITC 신청을 위한 AGI 및 투자소득 요건(2013)

(단위: USD)

자녀 수	기준이 되는 소득(AGI)		투자소득
	부부합산신고1)	독신·가장·한부모 신고	
0	19,680	14,340	3,300
1	43,210	37,870	
2	48,378	43,038	
3	51,567	46,227	

주: 1) 맞벌이 부부의 경우에는 반드시 부부합산신고해야 함(즉, 부부별도신고 불가)
자료: 미국 국세청(www.irs.gov)

☐ 급여산정방식은 소득수준별로 "점증, 평탄, 점감구간"으로 나뉘어져 급여금액을 산정하며, 자녀 수가 많을수록 개별 가구가 받을 수 있는 최대급여금액이 증가함
  ○ 점증구간에서는 소득이 증가하면 급여금액이 증가하는바, 점증률은 자녀 1인 34%, 2인 40%, 3인 이상부터는 45%로 동일함
  ○ 반면 평탄구간에서는 소득이 증가하더라도 최대급여금액이 일정하며, 점감구간에서는 소득이 증가함에 따라 급여금액이 감소함

☐ 2013년도에는 자녀가 없으면 최대 USD 487, 자녀가 1명이면 최대 USD 3,250, 자녀가 2명이면 최대 USD 5,372, 자녀가 3명 이상이면 최대 USD 6,044까지 수급이 가능함
  ○ EITC는 자녀 수에 제한은 없으나 자녀 수에 따라 차등적으로 적용하고 있음

---

14) Form 1040 신고시 투자소득이란 이자 및 배당, 자본이득순소득, 로열티 및 임대수익, Passive Activities를 합한 금액임

<표 IV-3> 미국의 EITC 급여체계(2013)

(단위: USD, %)

	점증률	평탄구간 시작점	최대급여	점감률	점감구간 소득	
					Beginning	Ending
자녀 0인	7.65	6,370	487	7.65	7,970	14,340
자녀 1인	34	9,560	3,250	15.98	17,530	37,870
자녀 2인	40	13,430	5,372	21.06	17,530	43,038
자녀 3인 이상	45	13,430	6,044	21.06	17,530	46,227

주: 1. 독신, 가장, 한부모일 경우 적용
   2. 부부합산시 점감구간 기준소득 USD 5,340(2013년 기준) 증가
자료: Tax policy center, Historical EITC Parameters

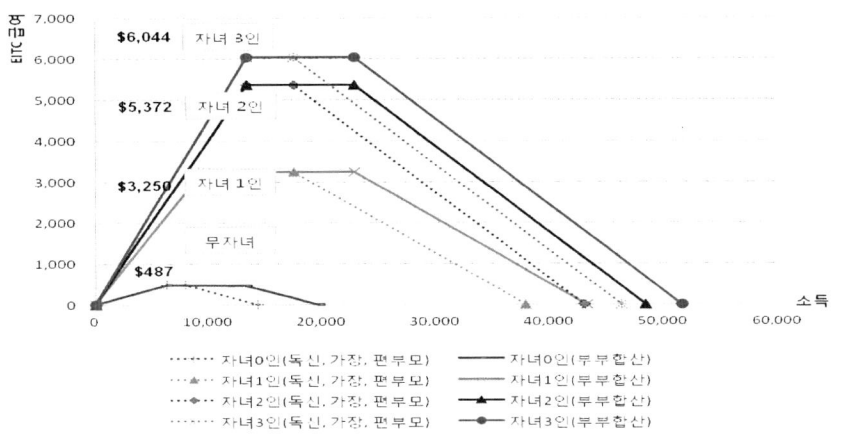

[그림 IV-2] 미국의 EITC 모형(2013)

자료: www.irs.gov

2. 영국15)

가. Child Tax Credit(CTC)

□ 자녀장려세제(CTC)는 소득이 없는 가구일지라도 자녀16)를 가진 저소득층 가정을

---
15) HMRC, "A guide to Child Tax Credit and Working Tax Credit", 2013 참조

지원하기 위해 만들어진 환급가능 세액공제제도(Refundable Credit)로서, 2003년 4월 Working Tax Credit(WTC)와 함께 도입됨

☐ 영국의 CTC는 연령요건을 충족하는 자녀를 양육하는 가구를 지원하기 위해 도입된바, 미국의 CTC와는 달리 최소 근로소득 요건이 없어 소득이 없는 가구에게도 실질적인 소득지원을 할 수 있음
  ○ CTC 급여산정요소로는 자녀의 수, 나이, 장애 여부 등이 있으며, 수급대상자의 소득에 따라 CTC 급여가 결정됨
    - 한편, 영국의 WTC 제도는 미국의 EITC와 달리 최소근로시간 요건을 두고 있음

<표 IV-4> 영국의 CTC 급여산정요소(2013~14)

구성요소	연간금액(GBP)[1]
가족(Family) 요소	545
자녀요소(영아 포함, 자녀 1인당, 가족요소에 추가)	2,720
장애자녀요소(자녀 요소에 추가)	3,015
중증장애자녀요소(장애 요소에 추가)	1,220

주: 1) 각 요소의 최대 급여금액을 나타냄
자료: HMRC, "A guide to Child Tax Credit and Working Tax Credit"

☐ 급여금액은 소득수준별로 "평탄, 점감구간"으로 나뉘어져 급여금액을 산정하며, 미국과는 달리 점증구간 없이 설계되어 있는 것이 특징임
  ○ 2013년 기준 CTC만 수급대상이 될 경우, 연간 소득이 GBP 15,910 이하이면 최대 수령액이 지급되며, GBP 15,910를 초과시 41% 점감률로 감소함
  ○ <표 IV-5>는 근로장려세제(WTC)를 적용받지 않는 자의 CTC 급여요소 중 가족요소와 자녀요소만을 이용하여 계산한 CTC 급여금액을 나타난 사례임

---

16) 자녀의 범위에는 친자녀뿐만 아니라 의붓자식, 양자 또는 자기 비용으로 양육하고 있는 아동 등이 모두 포함되며 16세 이상 20세 미만 자녀를 가진 경우에도 CTC 적용이 가능하나, 이 경우에는 특정 요건을 충족해야 함

<표 IV-5> 영국의 CTC 급여(2013~14) 예시

(단위: GBP)

연간 소득(GBP)	연간금액		
	자녀 1명	자녀 2명	자녀 3명
No income	3,265	5,985	8,705
5,000	3,265	5,985	8,705
6,420	3,265	5,985	8,705
10,000	3,265	5,985	8,705
15,000	3,265	5,985	8,705
15,910	3,265	5,985	8,705
20,000	1,588	4,308	7,028
25,000	-	2,258	4,978
30,000	-	208	2,928
35,000	-	-	878
40,000	-	-	-

주: 1. 기준소득에는 일부 사회보장급부, 저축소득, 자영업소득이 포함
2. Child Tax Credit를 지급받는 장애아동이 없는 가구를 가정함
3. CTC 급여요소 중 가족요소와 자녀요소만을 이용하여 계산함
자료: HMRC, "A Guide to Child Tax Credit and Working Tax Credit"

[그림 IV-3] 영국의 CTC 모형(2013~14)

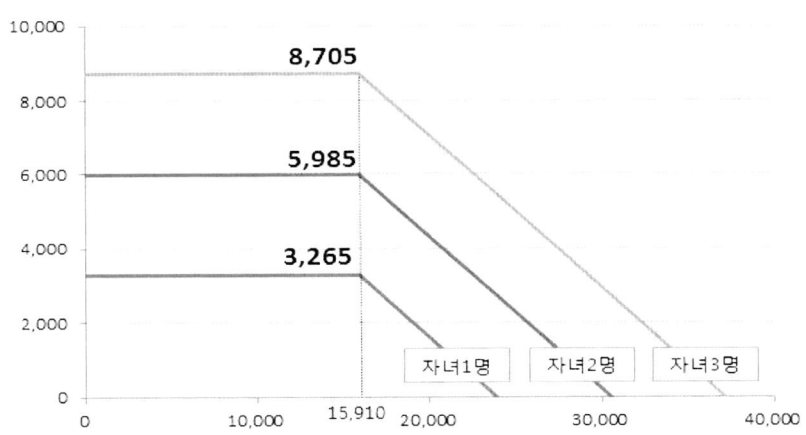

주: 1. 기준소득에는 일부 사회보장급부, 저축소득, 자영업소득이 포함
2. Child Tax Credit를 지급받는 장애아동이 없는 가구를 가정함
3. CTC 급여요소 중 가족요소와 자녀요소만을 이용하여 계산함
자료: HMRC, "A Guide to Child Tax Credit and Working Tax Credit"

나. Working Tax Credit(WTC)

□ 근로장려세제(WTC) 제도는 CTC와 함께 2003년 도입되었으며, 근로소득이나 자영업소득과 같이 근로로 인한 소득이 있는 저소득 가구를 보조하기 위해 만들어진 환급가능 세액공제제도임

□ 영국의 근로장려세제(WTC) 제도는 부양자녀 유무와는 관계없이 근로 여부, 근로시간, 소득수준 등을 고려하여 수혜 여부를 결정함
  ○ WTC 혜택을 받기 위해서는 <표 Ⅳ-6>에 제시된 최소근로시간 요건을 충족해야 함
  ○ 근로자 또는 자영업자 모두 신청이 가능하며, 자녀의 유무, 장애, 재취업 상태 등에 따라 자격요건은 상이함

<표 Ⅳ-6> 영국의 WTC 최소근로시간 요건

구분	주당 근로시간
25~59세	최소 30시간
60세 이상	최소 16시간
장애인	최소 16시간
자녀 1인 이상 Single	최소 16시간
자녀 1인 이상 Couple	최소 24시간(배우자 최소 16시간)

자료: www.gov.uk/working-tax-credit/eligibility

□ WTC 급여산정요소에 해당하는 경우에는 기본요소와 더불어 요건을 충족하는 이외의 구성요소를 추가하여 받을 수 있음
  ○ 또한, WTC에는 자녀양육요소(Childcare Element of Working Tax Credit)가 있어 보육료(childcare charge) 지원을 하고 있는바, 주당 자녀양육비의 70%를 환급받으며 자녀 1인의 경우 주당 GBP 175, 2인 이상인 경우 주당 GBP 300까지 받을 수 있음

<표 IV-7> 영국의 WTC 급여산정요소(2013~14)

(단위: GBP)

구성요소	연간금액
기본요소(Basic Element)	1,920
부부요소(Couple Element, 기본요소에 추가)	1,970
한부모요소(Lone Parent Element, 기본요소에 추가)	1,970
30시간요소(30 Hour Element, 다른 요소에 추가)	790
장애요소[1](Disability Element, 다른 요소에 추가)	2,885
중증장애요소(Severe Disability Element, 다른 요소에 추가)	1,220
자녀양육 요소[2] 1명의 자녀를 가진 경우 최대 자녀양육경비	주당 175
자녀양육 요소[2] 2명 이상의 자녀를 가진 경우 최대 자녀양육경비	주당 300
자녀양육 요소[2] 자녀양육경비 보조비율	70%

주: 1) 다음의 세 가지 조건을 충족해야 함
 - 주당 16시간 이상 근무
 - 장애가 있어 취업하는 데 있어서 불리함
 - 현재 질병을 앓고 있거나 장애혜택을 받고 있어야 함
 2) 자녀양육을 위해 요건을 충족하는 비용을 실제로 지출하는 경우에는 최대 자녀양육경비 한도 내에서 실제 지출비용 중 70%까지 추가적인 급여를 받을 수 있음. 예를 들어 1명의 자녀가 있는 경우에는 주당 최대 GBP 122.5(=175×70%)까지, 2명 이상의 자녀가 있는 경우에는 주당 최대 GBP 210(=300×70%)까지 추가적인 급여를 받을 수 있음
자료: HMRC, "A Guide to Child Tax Credit and Working Tax Credit"

3. 호주

가. Family Tax Benefit(FTB)[17]

□ 2000년 7월 조세제도 개혁의 일환으로, 기존 가족지원(Family Assistance) 및 자녀양육제도가 통합되어 Family Tax Benefit(FTB)의 Part A, Part B로 단순화됨
  ○ Family Tax Benefit(FTB)제도란 환급가능 세액공제제도(Refundable Credit)로서 소득 및 연령요건을 충족하는 가구의 자녀양육비용을 지원하기 위해 만들어짐

1) Part A

□ FTB Part A를 수령하기 위해서는 호주 거주자로서 소득요건 및 연령요건을 충족해야 하며, 급여산정은 각 자녀별 나이, 자격요건에 따라 다름

---

17) http://www.humanservices.gov.au/customer/services/centrelink/family-tax-benefit-part-a-part-b

○ Part A의 최대 지원금을 수급하기 위한 소득요건은 조정 과세소득(Adjusted Taxable Income: ATI)이 AUD 48,837 이하여야 하며, 이를 초과할 경우 AUD 1당 20센트씩 지원금이 차감됨
  - 기본 지원금의 경우 조정 과세소득(ATI)이 AUD 94,316(FTB 자녀 1명당 AUD 3,796 추가)보다 클 경우, 지원금이 0이 될 때까지 AUD 1당 30센트씩 점감됨
○ 연령요건은 16세 미만의 자녀 또는 16~20세 미만의 자녀가 12학년이거나, 이에 상응하는 교육을 받았을 경우 등으로 세분하여 규정하고 있음

☐ Family Tax Benefit(FTB)은 자녀의 수에 제한은 없으나 자녀의 나이에 따라 차등 지원되는바, Part A의 최대 급여액은 자녀의 나이에 따라 2주당 기본 수령액은 자녀당 AUD 55.16, 최대 수령액은 AUD 55.16~224임

<표 IV-8> 가족세제지원금 수령액(FTB Part A: 2013~14)

(단위: AUD)

최대 수령액		기본 수령액	
각 자녀별 나이	2주 단위	각 자녀별 나이	2주 단위
0~12세	172.20	18세 미만	55.16
13~15세	224.00		
16~19세[1]	224.00	18~19세[1]	55.16
16~17세[2]	55.16		
0~19세[3]	55.16		

주: 1) 중학생(secondary student)
   2) 중등교육을 마친 경우(having completed secondary study)
   3) 승인된 보호기관(approved care organization)에 해당하며, 해당 기관은 집이 없는 아이들, 난민 또는 장애우를 위한 보호시설을 제공함
자료: www.humanservices.gov.au

[그림 IV-4] 부양가족 및 ATI에 따른 Part A 급여액(15세인 적격 부양자녀 1명인 경우)

(단위: AUD)

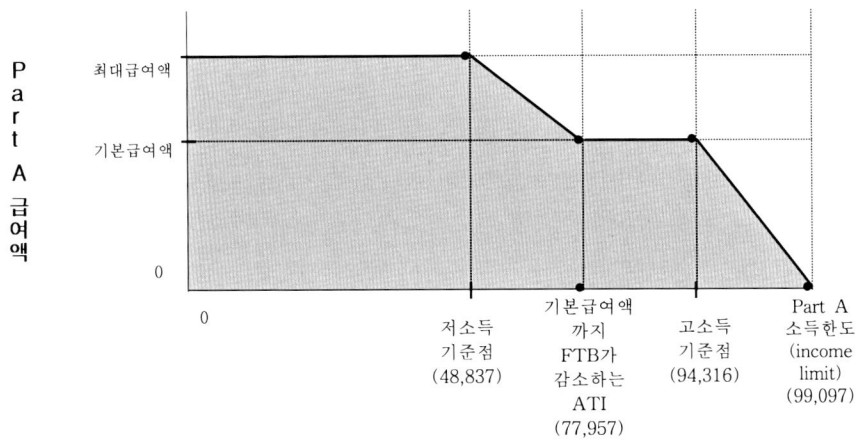

가족조정후과세소득

2) Part B

□ Part B는 한부모 가정 및 양부모 가정의 주된 소득원이 1명인 가구를 위하여 일정 요건을 충족하는 경우 추가적으로 지원하는 제도로, 2차소득자의 연간 과세소득에 따라 Part B의 혜택이 달라지며, 가구당 지급되는 것이 특징임

□ Part B는 한부모 가구이나 가족의 주 소득원이 1명인 가구의 16세 미만 자녀 또는 19세 미만 Full-Time 학생일 경우 적용되며, 주된 소득자(primary earner)의 연간조정과세소득(Adjusted Taxable Income: ATI)이 AUD 150,000 이하인 가구를 위한 제도임
  ○ 한부모 가구(single parent family)일 경우, 주소득자(primary earner)의 소득이 AUD 150,000 초과시 지원금 수령이 불가함
  ○ 부부 가구(two parent family)는 주소득자(primary earner) 소득이 AUD 150,000 이하일 경우 2차소득자(second earner)의 연간 과세소득(ATI)에 따라 가구당 지원금액이 달라짐
    - 2차소득자 소득이 AUD 5,183까지 Part B 최대 혜택을 받을 수 있으며,

AUD 5,183를 초과할 경우 AUD 1당 지원금이 20센트씩 감소함
- 즉, 가구의 주된 소득자의 소득이 AUD 150,000 이하이면서, 2차소득자 소득이 <표 IV-9>에 제시된 금액을 초과하지 않는다면 지원금을 부분 수령할 수 있음

<표 IV-9> 2차소득자의 조정된 과세소득(ATI) 한도(FTB Part B: 2013~14)

(단위: AUD)

막내 부양자녀 나이	연간 과세소득(ATI)
5세 미만	26,390
5~19세 미만	20,532

자료: www.humanservices.gov.au

☐ Part B도 자녀의 수에 제한은 없으나 자녀의 나이에 따라 차등 지원되는바, 최대 급여액은 막내 부양자녀의 나이에 따라 2주 단위로 가구당 AUD 102.20~146.44임

<표 IV-10> 가족세제지원금 최대 수령액(FTB Part B: 2013~14)

(단위: AUD)

막내 부양자녀 나이	2주 단위	1년 단위
5세 미만	146.44	4,171.95
5~19세 미만	102.20	3,018.55

자료: www.humanservices.gov.au

나. Working Credit[18]

☐ 호주의 Working Credit는 정부보조금을 받고 있는 저소득 계층의 근로유인을 제고하기 위해 호주 연방정부 차원에서 'Australians Working Together Package'[19]의 일부로 2002년 도입되어 2003년 시행됨[20]
　○ 저소득자가 취업할 경우 곧바로 보조금이 취소되는 것을 방지하기 위해 보조

---

18) http://www.humanservices.gov.au/customer/enablers/working-credit
http://guidesacts.fahcsia.gov.au/guides_acts/ssg/ssguide-3/ssguide-3.1/ssguide-3.1.11.html
19) 'Australians Working Together Package'는 '개인 사정에 맞춰진' 사회보조를 제공하고 즉각적으로 대응하기 위한 시스템을 향한 첫 걸음에 해당함. 이는 소득보조를 받는 일할 수 있는 연령에 해당하는 사람들을 대상으로 하며 고령연금을 받는 사람들에게는 해당되지 않음
20) http://www.fahcsia.gov.au

금 지급 여부를 결정하는 소득심사(Income Test) 대상 소득을 경감시켜 줌으로써 취업 이후에도 보조금을 받을 수 있게 하는 제도임[21]

□ Working Credit는 저소득층의 근로소득이 일정수준에 도달하기 전까지 정부보조금을 지원하기 위함이며, 적립한 Working Credit가 소멸하였거나, 취업 후 근로소득으로 인하여 정부보조금을 받지 못하는 요건에 해당할지라도 최대 12주까지[22] 개인에 따라 다른 정부 혜택을 받을 수 있음
  ○ Working Credit를 받기 위한 소득요건은 근로 및 투자소득을 합한 총소득이 2주당 AUD 48 미만이어야 함
  ○ 소득요건에 충족할 경우, 청소년 보조금(Youth Allowance)을 받는 구직자는 최대 총 AUD 3,500, 구직수당(Newstart Allowance)을 받는 구직자는 최대 총 AUD 1,000까지 Working Credit를 받을 수 있음

4. 캐나다

가. Canada Child Tax Benefit(CCTB)[23]

□ 1998년 캐나다 Canada Child Tax Benefit(CCTB)는 1993년 도입된 Child Tax Benefit(CTB) 제도를 대체하였으며, 해당 제도는 연방정부 차원에서 주어지는 혜택으로 환급가능 세액공제제도(Refundable Credit)로 운영됨
  ○ 캐나다의 CCTB는 중산층 이하 자녀를 가진 가구 및 18세 미만의 자녀와 함께 살고 있는 캐나다 거주자를 대상으로 함
  ○ 또한, 저소득 가구 또는 장애자녀를 가진 가구에는 기본급여(Base Benefit)에 추가하여 National Child Benefit Supplement(NCBS) 및 CDB(Child Disability Benefit)를 지급함

---

[21] 우리나라의 「국민기초생활보장법 시행규칙」 제2조에 의해 저소득층에게 국민기초생활급여를 지급하기 위한 개별가구의 소득평가액은 실제 가구소득에서 자활에 필요한 사업으로 인해 번 소득의 30% 등을 차감한 금액으로 하는 제도와 그 취지가 유사함
[22] 자녀를 부양하는 한부모일 경우, Health Care Card 혜택은 최대 26주까지 받을 수 있음
[23] http://www.cra-arc.gc.ca/cctb/

[그림 IV-5] CCTB와 NCBS 급여체계 모형

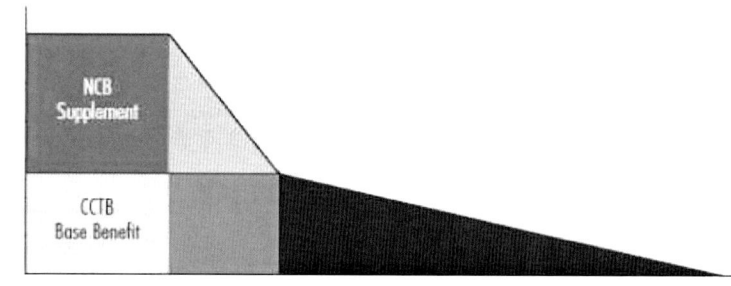

주: 기본급여(Base Benefit) 및 NCB(National Child Benefit)와 함께 장애를 가진 자녀가 있는 경우 1인당 추가적인 CDB(Child Disability Benefit) 급여 수령이 가능함
자료: HRSDC, The National Child Benefit Progress_Report 2008, 2013

☐ CCTB 급여는 자녀 수, 연령, 거주 지역, 직전연도 가구순소득, 자녀의 장애 여부 등을 고려하여 기본급여금액을 결정하며, 점증구간 없이 평탄구간 및 점감구간으로 구성됨
  ○ 2013~14년 기준, 기본급여(Base Benefit)는 자녀 1인당 연 CAD 1,433(월CAD 119.41)를 지급하며(다만, Alberta 주는 다른 기준을 적용함24)), 셋째 자녀부터 1인당 연 CAD 100(월 CAD 8.33)씩 추가 지급함
  ○ 가구순소득이 CAD 43,561 초과시 다음과 같은 방식으로 기본급여 감소
    - 자녀가 1명이면 초과하는 가구순소득의 2%씩 감소
    - 자녀가 2명 이상이면 초과하는 가구순소득의 4%씩 감소
  ○ 가구순소득이 <표 IV-11>에 제시된 금액을 초과시 기본급여 수급이 불가능함

---

24) Alberta 주정부는 CCTB 기본급여로 7세 미만의 아동이 있는 가구에 연 CAD 1,320(월 CAD 110.00), 7~11세 아동가구는 연 CAD 1,409(월 CAD 117.41), 12~15세 아동가구는 연 CAD 1,577(월 CAD 131.41), 16~17세 아동가구는 연 CAD 1,670(월 CAD 139.16)를 지급하는 규정을 설정하고 있음. 즉, Alberta 주는 캐나다 연방정부와 분리되어 운영되므로, Alberta 주 자체 정부에서 자녀 나이별로 CCTB 기본급여를 설정하고 있음

<표 IV-11> CCTB 적용시, 소득 한도(2013~14년 기준)

(단위: CAD)

자녀 수	금액
1인	115,211
2인	115,211
3인	153,536

자료: www.cra-arc.gc.ca

가) National Child Supplement(NCBS)

☐ NCBS(National Child Benefit Supplement)는 부양자녀가 있는 저소득 가구를 지원하는 것이 목적이므로 소득이 CAD 25,356 미만일 때 최대지급액을 받게 됨
  ○ 2013~14년 기준 연단위로 NCB 급여는 첫째 자녀에게 연 CAD 2,221(월 CAD 185.08), 둘째 자녀에게는 연 CAD 1,964(월 CAD 163.67), 셋째 자녀부터 1인당 연 CAD 1,869(월 CAD 155.75)를 추가하여 지급함
  ○ 가구순소득이 CAD 25,356 초과시 다음과 같은 방식으로 급여 감소
    - 자녀가 1명이면 초과하는 가구순소득의 12.2%씩 감소
    - 자녀가 2명이면 초과하는 가구순소득의 23%씩 감소
    - 자녀가 3명 이상이면 초과하는 가구순소득의 33.33%씩 감소

[그림 IV-6] CCTB와 NCBS 모형(2013~2014년)

(단위: CAD)

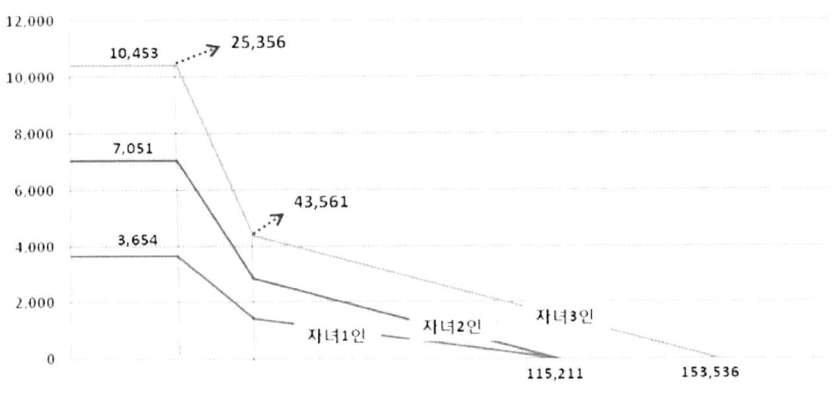

나) Child Disability Benefit(CDB)

☐ CDB(Child Disability Benefit) 결정방식
　○ 2013-14년 기준으로 장애를 가진 자녀 1인당 연 단위 최대 CAD 2,626(월 CAD 218.83)까지 추가적인 CDB 급여 수령이 가능함
　○ 급여가 감소하기 시작하는 기준소득은 CCTB 수급자의 자녀 수에 따라 결정되며, <표 Ⅳ-12>와 같이 자녀 1인일 경우 CAD 43,561, 자녀 2인은 CAD 43,522로 설정되어 있음
　　- 자녀 1인의 경우는 점감률 2%, 자녀 2인 이상인 경우 한도 초과분의 4%씩 급여액이 감소함

<표 Ⅳ-12> CDB 급여의 점감기준소득(2013-14년 기준)

(단위: CAD)

자녀 수	금액	자녀 수	금액
1인	43,561	6인	60,374
2인	43,552	7인	65,987
3인	43,536	8인	71,599
4인	49,149	9인 이상	캐나다 국세청(CRA)에 연락
5인	54,761		

자료: www.cra-arc.gc.ca

나. Working Income Tax Benefit(WITB)[25]

☐ 캐나다의 근로장려세제인 WITB(Working Income Tax Benefit)는 환급가능한 세액공제제도로, 근로소득(Working Income)이 있는 근로빈곤층의 독신(Individuals)과 가구(Families)의 세금을 경감하고 노동참여에 대한 유인을 확대할 목적으로 2007년 도입되었음
　○ 과세연도 2009년에 급여증가율은 20%에서 25%로, 급여액은 CAD 510에서 CAD 925로 인상되었고 기준이 되는 소득금액은 매년 증가하고 있음

---

[25] http://www.cra-arc.gc.ca/bnfts/wtb/menu-eng.html

□ 캐나다의 WITB는 저소득 개인 또는 가구의 소득지원을 목적으로 하며, 제도 요건을 충족할 경우 WITB 급여를 지급받을 수 있으며, 기본급여와 장애요소를 고려한 급여로 구성됨
  ○ WITB 수급대상자는 19세 이상으로 CAD 3,000를 초과하는 근로(사업)소득(Working Income)이 있는 경우 소득세 신고시 WITB 급여의 신청이 가능함
    - 다만, 배우자 또는 적격 부양자녀26)가 있다면 19세 미만이라 할지라도 WITB 수급이 가능함
    - 또한, 장애인 추가급여(disability supplement)를 적용받기 위한 최저 기준금액은 CAD 1,150임
  ○ 자격요건을 갖춘 개인 및 가구는 장애인 추가급여를 포함한 WITB를 받을 것으로 기대되는 WITB의 최대 50%까지 선지급을 신청할 수 있음
    - 선지급으로 수취하지 않은 금액은 소득세신고(Income Tax and Benefit Return)시 평가를 거쳐 지급받을 수 있음
    - 선지급은 양식을 작성하여 매년도 1월 1일~9월 1일 이전까지 신청하여야 함

□ WITB 운영체계는 순소득(Net Income)27)이 일정금액을 초과하면 급여액이 감소하는 형태로서, 우리나라의 근로장려세제, 미국의 EITC 제도와 마찬가지로 점증-평탄-점감 구간으로 이루어짐
  ○ 가구순소득(Family Net Income)은 개인의 소득과 배우자의 소득을 합산하고 Universal Child Care Benefit(UCCB)를 차감한 금액임
  ○ 2013 과세연도 기준으로 독신의 경우, 순소득이 CAD 3,000 초과 6,956 이하의 점증구간에서는 25% 급여증가율을 적용하며, CAD 6,956 초과 11,231 이하의 평탄구간에서는 최대 CAD 989를 지원받으며, CAD 11,231 초과 17,824 이하의 점감구간에서는 15% 감소율을 적용함

---

26) 적격 부양자녀란 19세 미만으로 과세연도 말 현재 납세자와 동일한 거주지에 거주하고 있는 WITB 적용대상자가 아닌 자녀를 말함
27) 순소득(Net Income)은 총소득(Total Income)에서 각종 공제가능한 금액(allowable deductions)을 차감한 금액임

<표 IV-13> 캐나다 WITB의 기본급여체계(2007~2013년)

(단위: CAD, %)

		점증구간	급여 증가율	최대 급여액	평탄구간	점감구간	급여 감소율
2007	독신	3,000~5,500	20	500	5,500~9,500	9,500~12,833	15
	가구	3,000~8,000	20	1,000	8,000~14,500	14,500~21,167	15
2008	독신	3,000~5,500	20	510	5,500~9,681	9,681~13,081	15
	가구	3,000~8,450	20	1,019	8,450~14,776	14,776~21,569	15
2009	독신	3,000~6,700	25	925	6,700~10,500	10,500~16,667	15
	가구	3,000~9,720	25	1,680	9,720~14,500	14,500~25,700	15
2010	독신	3,000~6,724	25	931	6,724~10,563	10,563~16,770	15
	가구	3,000~9,760	25	1,690	9,760~14,587	14,587~25,854	15
2011	독신	3,000~6,776	25	944	6,776~10,711	10,711~17,004	15
	가구	3,000~9,856	25	1,714	9,856~14,791	14,791~26,218	15
2012	독신	3,000~6,880	25	970	6,880~11,011	11,011~17,478	15
	가구	3,000~10,048	25	1,762	10,048~15,205	15,205~26,952	15
2013	독신	3,000~6,956	25	989	6,956~11,231	11,231~17,824	15
	가구	3,000~10,188	25	1,797	10,188~15,509	15,509~27,489	15

주: 1. Alberta, British Columbia, Nunavut, Quebec 주를 제외한 캐나다 대부분의 주 기준
2. 가구는 부양의무자가 있는 경우를 의미하며, 한부모인 경우도 포함
3. 각 소득구간은 초과~이하임
자료: http://www.cra-arc.gc.ca/bnfts/wtb/fq_pymnts-eng.html

[그림 IV-7] 캐나다 WITB 모형(2013년 기준)

(단위: CAD)

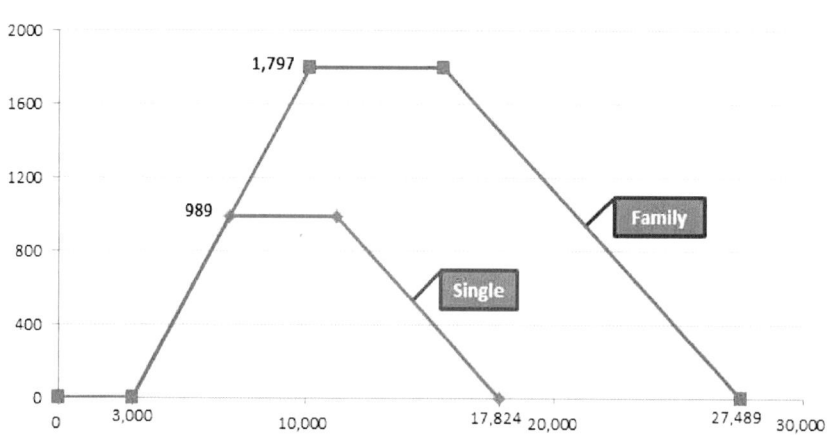

5. 뉴질랜드

□ 뉴질랜드의 Working for Families Tax Credits는 기존의 가족보조(Family Assistance)제도가 2004년 Family Tax Credit(FTC), In-work Tax Credit(IWTC), Minimum Family Tax Credit(MFTC), Parental Tax Credit(PTC)으로 재구성됨
  ○ 가족구성원의 합산소득규모 및 소득의 종류, 부양자녀 수 및 나이에 따라 위의 4가지 중 적용가능한 지원제도의 종류가 결정되며, 중복수급이 가능함

가. Family Tax Credit(FTC)[28]

□ 가족세액공제(Family Tax Credit: FTC)는 19세 미만의 자녀를 부양하는 가구를 지원하기 위함이며, 연간소득 및 자녀 수·나이에 따라 급여액이 결정됨
  ○ FTC 혜택을 받기 위해서는 첫째 자녀가 16세 미만이고 다른 자녀가 13세 미만인 경우 세전 가구소득이 <표 IV-14>에 제시된 소득을 초과하지 아니하여야 하며, 자녀의 나이가 이보다 많을 경우에는 한도소득의 기준은 상승함
    - 주된 소득은 근로소득(Salaries or Wages), 자영업자의 소득(Self-employed Earnings), 학생수당(Student Allowance), 각종 연금소득(NZ Super or Veteran's Pension) 등으로 구성됨

<표 IV-14> Family Tax Credit 한도소득(2013~14년 기준)

(단위: NZD)

자녀 수	1	2	3	4	5	6
연간 한도 소득 (세전기준)	59,041	74,811	90,580	106,350	122,119	137,888

주: 해당 한도소득은 첫째자녀가 16세 미만이고 다른 자녀가 13세 미만인 경우
자료: http://www.workingforfamilies.govt.nz/tax-credits/

□ 가족구성원의 연간 소득을 합산한 금액이 증가함에 따라 FTC 수령액은 점차 감소하며, 주 단위 및 연 단위 최대 수령액은 <표 IV-15>와 같음
  ○ FTC의 최대 수령액은 자녀의 수에 제한은 없으나 자녀의 연령에 따라 차등지원되며, 연간 가구소득이 NZD 36,350 이후로 급여가 감소되기 시작함

---

[28] 기존의 가족보조(Family Assistance)제도 중 가족수당(Family Support)에 해당함

<표 IV-15> Family Tax Credit 최대 수령액(2012~13년 기준)

(단위: NZD)

자녀 나이/수	최대 수령액	
	주 단위	연 단위
16세 미만 첫째자녀	92	4,822
16세 이상 첫째자녀	101	5,303
13세 미만 첫째자녀 이후 추가자녀	64	3,351
13~16세 미만 첫째자녀 이후 추가자녀	73	3,822
16세 이상 첫째자녀 이후 추가자녀	91	4,745
점감 시작소득(Abatement threshold)	-	36,350

자료: www.ird.govt.nz

나. In-work Tax Credit(IWTC)

□ 근로장려세액공제(In-work Tax Credit: IWTC)[29]는 다른 정부지원[30]을 받지 않고 19세 미만의 자녀를 부양함과 동시에 매주 일정시간 근로에 종사하는 가구를 지원하며, 최대 수령액은 <표 IV-16>과 같음
  ○ 근로시간 요건으로 맞벌이 부부는 합산하여 매주 최소 30시간, 한부모의 경우 매주 최소 20시간 이상 근무를 하여야 함

□ IWTC 수령액은 19세 미만의 부양자녀가 있는 경우, 최소 근로시간조건 충족시, 연간 세전 가족소득 및 자녀 수에 따라 결정됨
  ○ 2013~14년 기준으로 자녀 3인 이하인 경우 최대급여는 주당 NZD 60이며, 3인 초과 시 자녀 1인 추가시마다 주당 NZD 15 또는 2주당 NZD 30 증가함

<표 IV-16> In-work Tax Credit 수령액(2012~13년 기준)

(단위: NZD)

자녀 수	최대 수령액
3인 이하(1, 2 or 3 children)	주당 NZD 60 또는 2주당 NZD 120
3인 초과(more than 3 children)	추가자녀 1인당: 주당 NZD 15 또는 2주당 NZD 30

자료: www.ird.govt.nz

---

[29] 뉴질랜드의 가족보조(Family Assistance)제도가 Working for Families Tax Credits 제도로 재구성되면서, 기존의 Child tax credit가 근로시간요건을 포함한 In-Work Tax Credit로 대체됨
[30] an income-tested benefit, a student allowance, or a parent's allowance

□ 또한, IWTC 급여를 수령하기 위한 한도소득이 존재하므로 자녀 수에 따른 한도소득을 초과하지 아니할 경우 IWTC 급여를 받을 수 있음
  ○ <표 IV-17>, [그림 IV-8]과 같이 IWTC 수령액이 감소하는 기준소득 및 한도소득은 자녀 수에 따라 다르게 나타나며,[31] 기준소득 초과 시 소득의 일정구간 내에서 동일한 급여를 지급하므로 자녀 수별 가구소득에 따라 계단형으로 그림이 나타남

<표 IV-17> In-work Tax Credit 한도소득(2013~14년 기준)

(단위: NZD)

자녀 수	1	2	3	4	5	6
연간 한도 소득 (세전기준)	73,724	89,493	105,262	124,702	144,142	163,582

주: 해당 한도소득은 첫째자녀가 16세 미만이고 다른 자녀가 13세 미만인 경우
자료: http://www.workingforfamilies.govt.nz/tax-credits/

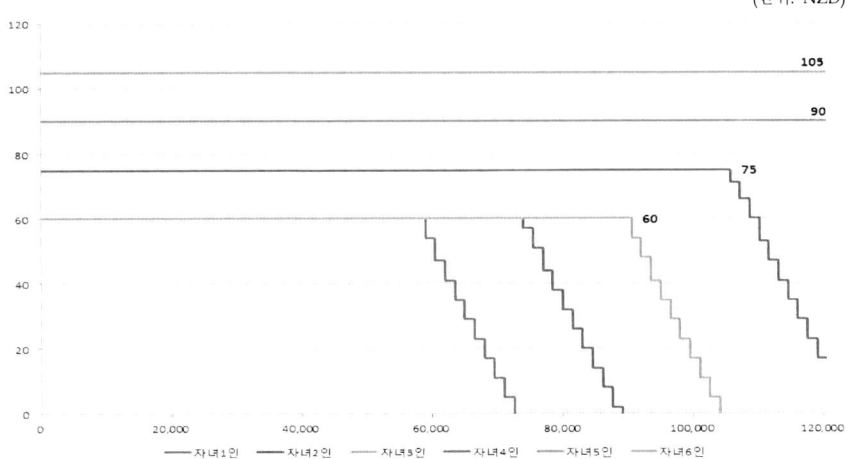

[그림 IV-8] 뉴질랜드 IWTC 모형(2013~14년 기준)

(단위: NZD)

주: 1. 최소근로시간 요건을 충족한 가구에 지급하며, 수급금액은 1주당 금액기준임
    2. 가구소득은 연간기준임

---

[31] 뉴질랜드의 "Working for Families Tax Credits Registration"을 살펴보면, 6명 이상의 자녀를 신고하고자 하는 경우, 등록신고서에 총자녀 수를 기재하고 IR200의(IR 835) form에 *"More than six children"*을 기입하여 등록신고서와 함께 송부하도록 하고 있음

다. Minimum Family Tax Credit(MFTC)

☐ 최소 가족세액공제(Minimum Family Tax Credit: MFTC)는 19세 미만의 부양자녀가 있는 가구의 연간소득이 세후 NZD 22,724(세전 NZD 26,356, 2013년 기준) 이하로 떨어지지 않도록 지원하는 제도로 1주당 최대 NZD 437[32])의 세후소득을 보장함[33])
  ○ 동 제도를 적용받기 위해서는 근로시간 요건을 충족하여야 하며, 가족세액공제(FTC) 지원 대상이어야 함
    - 근로시간 요건은 최소한 근로시간이 부부일 경우 매주 30시간, 한부모는 매주 20시간 이상이 되어야 함
  ○ 단, 근로요건을 충족하더라도 각종 정부지원[34]) 수급자는 적용대상에서 제외됨

<표 IV-18> Minimum Family Tax Credit 수령액(2012~13년 기준)

(단위: NZD)

세전 소득		수령액
주 기준	연 기준	
0 ~ 269	0 ~ 14,000	437 ~ 196
270 ~ 298	14,001 ~ 15,500	196 ~ 172
300 ~ 326	15,501 ~ 17,000	172 ~ 148
327 ~ 355	17,001 ~ 18,500	148 ~ 124
356 ~ 384	18,501 ~ 20,000	124 ~ 100
385 ~ 413	20,001 ~ 21,500	100 ~ 77
414 ~ 442	21,501 ~ 23,000	77 ~ 53
443 ~ 471	23,001 ~ 24,500	53 ~ 29
472 ~ 506	24,501 ~ 26,356	29 ~ 0

자료: www.ird.govt.nz

라. Parental Tax Credit(PTC)

☐ 부모세액공제(Parental Tax Credit; PTC)는 자녀 출생 후 8주간 지급하는 것으로

---

32) 2013~14년 기준
33) 뉴질랜드의 MFTC는 우리나라의 국민기초생활보장제도상 생계급여와 유사한 제도로, 우리나라 생계급여는 기초생활보장수급자의 생계를 유지하기 위해 지급되는 것으로, 최저생계비에서 현물급여 형태로 지급되는 각종 지원액을 차감한 금액을 지급함
34) an income-tested benefit, a parent's allowance, or a Veteran's Pension

연간 세전소득과 부양자녀의 수·나이, 연간 출생한 자녀의 수에 따라 금액이 결정되는바, 주당 최대 NZD 150까지 지급하며, 가구소득이 증가할수록 급여액은 점차 감소함
  ○ 단, 수급자 가구소득에 자녀의 출생 후 8주간 정부의 특정수당 등이 포함되는 경우 PTC 급여를 받을 수 없음

<표 Ⅳ-19> Parental tax credit 한도소득(2013~14년 기준)

(단위: NZD)

자녀 수	1	2	3	4	5	6
연간 한도 소득 (세전기준)	110,530	126,300	142,069	161,509	180,949	200,389

주: 해당 한도소득은 첫째자녀가 16세 미만이고 다른 자녀가 13세 미만인 경우
자료: http://www.workingforfamilies.govt.nz/tax-credits/

6. 국제비교[35]

가. 도입시기

□ 근로자의 근로의욕을 제고하고, 아동빈곤을 예방하기 위하여 미국, 영국, 캐나다, 호주, 뉴질랜드 조사대상 국가에서는 모두 EITC와 CTC 등의 유사한 제도를 도입하여 시행하고 있음
  ○ 영국: 기존의 제도가 대체되어 EITC와 CTC가 함께 도입되었음
  ○ 미국: EITC 제도가 먼저 도입되고, CTC는 그 후에 도입
  ○ 호주, 캐나다, 뉴질랜드: CTC보다 EITC가 나중에 도입

나. 조세지출규모

□ 현재 EITC만 도입하고 있는 우리나라의 경우 EITC가 총조세지출 중 2.29%를 차지하여 주요국에 비해 낮은 수준임
  ○ 미국[36]: EITC와 CTC가 각각 4.73%, 4.45%로 두 제도의 지출규모가 유사하게

---

35) 각국에서 사용하는 명칭이 서로 상이하므로 본절에서는 국제비교 시 자녀장려세제는 CTC, 근로장려세제는 EITC로 통칭하기로 함

나타남
- 영국: CTC가 6.69%, WTC가 2.41%로 더 넓은 소득계층을 포괄하고 있는 CTC 비중이 더 크게 나타남
- 호주: FTB는 총조세지출의 1.78%를 차지하여 주요국 중 가장 낮게 나타남[37]
- 캐나다: EITC 0.51%, CTC 4.77%로 나타나 총조세지출의 5.28%를 차지하고 있음
- 뉴질랜드: 조세의 직접지출과 Tax System을 통한 지출을 합산한 조세지출 중 FTC 및 IWTC가 차지하는 비중이 68.73%로 주요국 중 가장 높게 나타남

다. 모형 및 기준소득

1) 자녀장려세제(CTC)

□ 자녀장려세제(CTC)를 도입하고 있는 국가 중 점증구간을 설정하고 있는 국가는 미국이 유일하고, 영국, 캐나다, 호주, 뉴질랜드의 경우 평탄 및 점감구간으로 운영하고 있음
- 미국: 점증률 15%로 소득이 증가할수록 CTC 급여도 증가하며, 최대 자녀 1인당 USD 1,000까지 공제받을 수 있고, 일정 소득 초과시 공제금액의 5%씩 단계적으로 감소함[38]
- 영국: 점감률이 41%로, 일정 소득 초과시 CTC 급여금액이 크게 감소하는 형태로 운영되고 있음[39]
- 호주: 수급자격에 따라 Family Tax Benefit(FTB)의 Part A 및 B로 구분하여 자녀양육지원을 하고 있으며, 최대급여액은 자녀수가 아닌 나이에 따라 차등지원하고 있음
- 캐나다[40]: CCTB 제도가 있으며, CCTB 기본급여에 추가적으로 저소득 가구를 위한 NCBS 및 장애아 가구를 위한 CDB 급여를 지급하며, 점감률은 자녀수에

---

[36] 한편, 미국에서는 EITC·CTC 급여의 전액을 조세지출액(Tax Expenditure)으로서 조세지출보고서에 포함·계상하여 매년 의회에 보고하는바, EITC·CTC 급여 중 현금지급액은 세입세출예산상 기속지출액(outlay) 항목으로 분류하고 있음. 그 이유는 EITC·CTC는 내국세법(Internal Revenue Code)에 근거하여 정부에 지출의무를 지우는 것이므로 의회가 예산심의 과정에서 특정 국민에 대한 지급 여부를 결정하거나 총액의 규모를 조절할 수 있는 항목이 아니기 때문임(전병목(2006), p. 183 재인용).
[37] WC는 정부보조금의 소득심사 대상소득을 감소시켜 주므로, 현금지출 규모가 나타나지 않음
[38] CTC 적용을 위하여 미국 법령에서는 점감률과 소득한도를 명시하고 있음(26 USC § 24 - Child tax credit)
[39] 영국 국세청은 최대지급률 및 소득한도를 명시하고 있음
[40] Canada Child Tax Benefit, National Child Benefit, Child Disability Benefit

따라 각각 다르게 운영함
- 뉴질랜드: 우리나라의 CTC와 유사한 FTC의 경우 최대급여는 자녀의 연령과 순서에 따라 차등 지원되며, 연간 가구소득이 NZD 36,350 이후로 급여가 감소되기 시작하나 소득의 일정구간 내에서 동일한 급여를 지급하므로 자녀수별 가구소득에 따라 모형이 계단형으로 나타남

□ CTC의 정책목적은 아동이 있는 가구의 빈곤을 완화하고 대다수의 가구를 대상으로 지원을 확대하고자 하는 것이므로 대부분의 국가에서 소득이 없더라도 지원하며, 중산층까지 포함하는 경우가 많음
- 최대급여액을 지급하는 평탄구간의 상한소득이 중산층을 포함하는 국가는 미국과 호주로 나타남
  - 미국은 점감구간 시작소득이 독신·가장·한부모의 경우 USD 75,000인바, 2011년 미국의 중위소득은 전체가구(All households) 기준 USD 50,054로, 중위소득의 150%는 약 USD 75,000 수준임

2) 근로장려세제(EITC)

□ 우리나라의 근로장려세제(EITC)와 유사한 제도를 도입하고 있는 국가는 미국과 캐나다인바, 이들 국가는 점증-평탄-점간구간으로 운용하고 있는 반면, 영국, 뉴질랜드는 평탄-점감구간으로 운영하고 있음[41]
- 미국: 자녀수별로 점증률, 최대급여, 점감율이 상이하며, CTC 급여의 지급기준과 마찬가지로 EITC도 자녀수에 따라 급여를 지급함
- 영국과 캐나다: 급여산정요소에 따라 지급금액이 달라지며, 영국은 미국·캐나다와 달리 점증구간이 존재하지 아니함
- 뉴질랜드: 영국과 동일하게 최소근로시간 요건이 있으며, 자녀가 많을수록 급여금액이 증가하며, 세전 연간 기준소득이 자녀수에 따라 달라짐

---

41) 조사대상국 중 호주는 환급형 세액공제방식으로 시행하지 않으므로 포함하지 아니함

라. 자녀요소

□ EITC와 CTC를 도입한 모든 조사대상 국가 중 자녀요소 고려 시 자녀수에 제한을 두고 있지는 않으나 자녀수 또는 자녀의 나이에 따라 지급액을 차등하여 지원하고 있는 것으로 나타남
  ○ 미국: CTC 뿐만 아니라 저소득 근로가구 지원제도인 EITC에서도 자녀요소를 고려하여 지원하고 있으나, CTC는 자녀 1인당 최대 USD 1,000를 지원하는 반면, EITC는 자녀 수에 따라 차등하여 지원하는 점이 다름
  ○ 영국: 자녀양육 지원은 CTC를 중심으로 구성되어 있으나, WTC에서도 자녀양육요소를 포함하여 자녀양육경비를 지원하고 있음
  ○ 호주, 캐나다: 미국, 영국과는 달리 EITC에서 자녀요소를 고려하고 있지 않음
  ○ 뉴질랜드: 우리나라의 CTC와 유사한 FTC의 경우에는 최대급여는 자녀수에 제한은 없으나 자녀의 연령과 순서에 따라 차등 지원됨

마. CTC와 EITC의 중복 적용 여부

□ 환급형 세액공제방식으로 EITC와 CTC를 모두 시행하고 있는 국가는 조사대상 국가 중 미국, 영국, 캐나다, 뉴질랜드이며, EITC와 CTC는 정책목적 및 정책대상이 다르므로 조사대상 국가 대부분 EITC와 CTC의 중복 적용을 허용하고 있음[42]
  ○ 미국은 EITC 적용시 해당 자녀가 CTC 수급요건을 갖춘다면 CTC(Child Tax Credit)를 추가적으로 적용받을 수 있고, 영국도 CTC와 WTC 중 요건을 충족하는 경우 하나 또는 모두 적용받을 수 있음

바. CTC 및 EITC의 신고·수급·조정시기

□ 주요국의 CTC 및 EITC 신고시기를 살펴보면, 매년 소득세 신고시 함께 하거나, 자격요건 충족시 신고하는 경우로 구분됨
  ○ 미국: 우리나라와 마찬가지로 소득세 신고시기와 동일하게 CTC와 EITC를 신고하게 되어 있으며, 납부할 세금이 없더라도 소득세 신고를 하여야 함

---

[42] 캐나다의 경우에는 CCTB와 WITB 중복적용을 제한하거나 허용하는 규정은 명시적으로 찾아볼 수 없으나 정책목적과 정책대상이 다름을 감안할 때 중복적용이 가능하다고 판단됨

○ 영국: CTC는 자격요건 충족시 규정된 기간 내 신고할 수 있으며, WTC의 경우 근로를 시작하기 7일 전에 신고할 수 있음
○ 호주: FTB는 아이가 태어나거나 돌보기 시작 전 3개월 내 신고하도록 함
○ 캐나다: 신고할 소득이 없다고 하더라도 소득세 신고를 하여야 하며, CCTB의 경우에는 이를 토대로 급여를 계산하여 80일 안에 수급 여부를 확정함
○ 뉴질랜드: 연중 언제든 등록이 가능하도록 규정되어 있음

□ 우리나라 EITC 급여는 매년 6~8월 자격심사 후 9월 말까지 한번 지급하는 반면, CTC 및 EITC를 운용하고 있는 주요국의 수급 시기는 대부분 선택할 수 있음
○ 미국: CTC 및 EITC 요건에 해당할 경우, 일년에 한번 소득세 신고시 함께 신고서를 제출해야 하며, 급여지급액을 세액에서 차감하도록 되어 있음
○ 캐나다: CCTB 지급액은 일반적으로 매달 20일에 지급되지만, 연간 수급금액이 CAD 240(자국화폐 기준)보다 적은 경우에는 7월 20일에 일시금으로 수령할 수 있음[43]
○ 영국: 매주 또는 매 4주 수급
○ 호주: 매 2주 또는 년1회 수급
○ 뉴질랜드: 매주, 매 2주, 매년 3월 31일 중 CTC 급여의 수급시기를 선택할 수 있음

□ 미국, 영국, 호주 등에서는 CTC 및 EITC 제도에 대한 급여액, 기준소득, 공제율 등을 매년 수정하여 발표하거나 정기적으로 조정하고 있음
○ 미국: CTC는 2003년 제도의 확대 이후 동일하게 운영하고 있으며, EITC는 급여, 구간 기준소득 등을 매년 조정하여 발표함
○ 영국과 캐나다: 급여요소, 한도 등을 조정하여 매년 국세청 홈페이지에 공개하고 있음
○ 호주: FTB는 매년 급여액을 조정하여 발표하는 반면, 현금지원이 아닌 WC는 2003년 시행 이후, 기준소득 및 한도 등이 변하지 않음
○ 뉴질랜드: WfFTC 공제수준은 소비자물가지수와 연동되어 정기적으로 조정됨

---

[43] 또한 자격요건을 갖춘 개인 및 가구는 장애인 추가급여를 포함하여 수급할 것으로 기대되는 WITB의 최대 50%까지 선지급을 신청할 수 있음

<표 IV-20> 주요국의 자녀정렬세제(CTC) 비교

(단위: 각국 화폐단위)

	미국[1]	영국[2]	호주[3]	캐나다[4]	뉴질랜드[5]
도입연도	CTC: 1998년 (EITC: 1975년)	CTC: 2003년 (WTC: 2003년)	FTB: 2000년 (WC: 2003년)	CCTB: 1998년 (WITB: 2007년)	FTC: 1986년 IWTC:2006년
근거법	The Taxpayer Relief Act of 1997	Tax Credits Act 2002 Chapter 21	A New Tax System(Family Assistance) Act 1999	Income Tax Act	Income Tax Act
도입목적	자녀가 있는 중산층 가구의 세정적 지원	자녀가 있는 가구 지원	자녀양육비 지원	자녀가 있는 저소득 가구의 자녀양육비 지원	부양자녀가 있는 저소득 가구 지원
운영주체	국세청(IRS)	국세청(HMRC)	연방정부(Australian Government Department of Human Services)	국세청(CRA)	국세청(IRD)
제도성격	비환급형 세액공제제도 (Non-Refundable Credit) - Additional Child Tax Credit: 환급형 세액공제제도	환급형 세액공제제도 (Refundable Credit)	환급형 세액공제제도 (Refundable Credit)	환급형 세액공제제도 (Refundable Credit)	환급형 세액공제제도 (Refundable Credit)
공제대상	연령요건을 충족한 부양자녀가 있는 가구	연령요건을 충족한 부양자녀가 있는 가구 - 장애아 추가지원	- Part A: 일정 소득금액 미만의 가구에 대한 자녀양육비 지원 - Part B: 한부모, 부부 중 1명만 주된 소득이 있는 가구 지원	연령요건을 충족한 부양자녀가 있는 가구 - Base Benefit(기본) + NCBS(저소득가구) + CDB(장애아가구)	연령요건을 충족한 부양자녀가 있는 가구

- 54 -

	미국[1]	영국[2]	호주[3]	캐나다[4]	뉴질랜드[5]
자녀연령 요건	17세 미만	16세 미만 아동 또는 16~20세 학생	16세 미만 또는 16~20세 미만 학생	18세 미만	19세 미만
공제모형	점증, 평탄, 점감	평탄, 점감 (CTC+WTC, CTC)	평탄, 점감 (Part A, Part B)	평탄, 점감 (NCB, CCTB)	평탄, 점감 * 소득의 일정구간 내에서는 동일한 급여를 지급하므로 점감구간은 계단형으로 나타남
점감구간 시작소득	부부합산: USD 110,000 독신, 가장, 한부모: USD 75,000 부부별도: USD 55,000	CTC: GBP 15,910 * WTC: GBP 6,420	Part A: AUD 48,837, 94,316 Part B: AUD 5,183	CCTB: CAD 43,561 NCBS: CAD 25,356 CDB: 자녀 수에 따라 다름	NZD 36,350
급여금액 * 연 기준 * 자국화폐	자녀 1인당 USD 0~1,000	CTC: 자녀 1인당 GBP 2,720 - 가족요소에 추가하여 지급 WTC(자녀양육요소 고려) - 자녀 1인: 주당 GBP 175 - 자녀 2명 이상: 주당 GBP 300	Part A(자녀 1인당) 최대수령액: 자녀나이별 AUD 1,434.16~5,824 기본수령액: AUD 1,434.16 Part B(가구당) 자녀 5세 미만: AUD 4,171.95 자녀 5-18세: AUD	<CCTB Base Benefit> 자녀 1인당 CAD 1,433 셋째 자녀부터 1인당 CAD 100씩 추가 <NCB> 첫째자녀 CAD 2,221 둘째자녀 CAD 1,964 셋째자녀 CAD 1,869	- 연령별 차등지급 첫째: NZD 4,822 또는 5,303 둘째: NZD 3,351~4,745

	미국[1]	영국[2]	호주[3]	캐나다[4]	뉴질랜드[5]
지출규모[6]	CTC: USD 57.3(4.45%) EITC: USD 60.9(4.73%) *2013년 기준, 십억$	CTC: GBP 21,469(6.69%) EITC: GBP 7,734(2.41%) *2011-12년 기준, 백만£	3,018.55 FTB: AUD 2,050(1.78%) WC: - *2012-13년 기준, 백만$	CDB 자녀 1인당 CAD 2,626 CCTB: CAD 10,049(4.77%) WITB: CAD1,075(0.51%) *2011년 기준, 백만$	FTC: NZD 2,109(54.17%) *2011-12년 기준, 백만$
신고시기	소득세 신고(매년 4월중)와 함께 신고하며, 세금이 없더라도 신고하여야함	자격요건 충족시 신고	아이가 태어나거나 돌보기 시작 전 3개월 내 신고	소득세 신고시 함께하며, 무소득자라도 신고의무	연중 언제든 등록가능
수급시기	1년	매주 또는 매 4주 선택	2주 또는 1년 선택	매달 또는 1년[*] *급여 총액이 CAD 240 미만	매주, 2주, 1년 선택
조정시기	2003년 이후 동일	매년 발표	매년 발표	매년 발표	매년 발표
EITC와 CTC 중복 적용 여부	- EITC 적용시 해당 자녀가 CTC 수급요건 충족 시 가능	- CTC와 WTC 중 요건을 충족하는 경우 하나 또는 모두 적용 가능	-	- CCTB와 WITB의 정책목적 및 지원대상이 다르므로 중복적용 가능 · CCTB: 18세 미만의 자녀양육비용 지원 · WITB: 근로빈곤층 및 근로유인을 제고	- 개인의 상황에 따라 다음 중 1개 이상 적용 가능 · Family tax credit · In-work tax credit · Minimum family tax credit · Parental tax credit

주: 1) 미국: Child Tax Credit(CTC), Earned Income Tax Credit(EITC)
    2) 영국: Child Tax Credit(CTC), Working Tax Credit(WTC)
    3) 호주: Family Tax Benefit(FTB), Working Credit
    4) 캐나다: Canada Child Tax Benefit(CCTB)-National Child Benefit(NCB), Child Disability Benefit(CDB) 포함, Working Income Tax Benefit(WITB)
    5) 뉴질랜드: FTC는 18세 이하의 부양자녀가 있는 가구를 대상으로 하고 최소근로요건이 없으므로 우리나라의 CTC와 유사하며, 기존의 Child tax credit도 근로시간 요건을 포함한 In-Work Tax Credit로 대체되어 우리나라의 EITC와 유사함
    6) 단위는 미국 십억, 영국 백만£, 호주 백만$, 캐나다 백만$, 뉴질랜드 백만$, ( )안은 총 조세지출 중 차지하는 비중
자료: 각국의 국세청

V. 우리나라 자녀장려세제(CTC) 개요

1. 자녀장려세제(CTC) 도입 및 근로장려세제(EITC) 확대

가. 자녀장려세제(CTC) 도입

□ 정부는 저소득층 가구의 자녀양육비 지원을 위해 자녀 수에 따라 자녀 1인당 최대 50만원까지 자녀장려금을 차등 지원하는 자녀장려세제(CTC)를 2015년부터 도입하기로 세법을 개정함
  ○ 여성의 경제활동 지원을 위해 맞벌이가구에 대한 수급요건을 완화함
  ○ 근로장려세제(EITC)를 단독 및 가족(홑벌이/맞벌이)가구기준으로 개정하여 기존 EITC의 자녀기준을 자녀장려세제(CTC)에 적용하고 EITC와 CTC의 수급요건을 연계함

<표 V-1> 자녀장려세제(CTC) 소득구간 및 지원수준

구분	구간			최대지급액
	점증	평탄	점감	
홑벌이	×	~2,100만원	~4,000만원	자녀 1인당 50만원
맞벌이	×	~2,500만원		

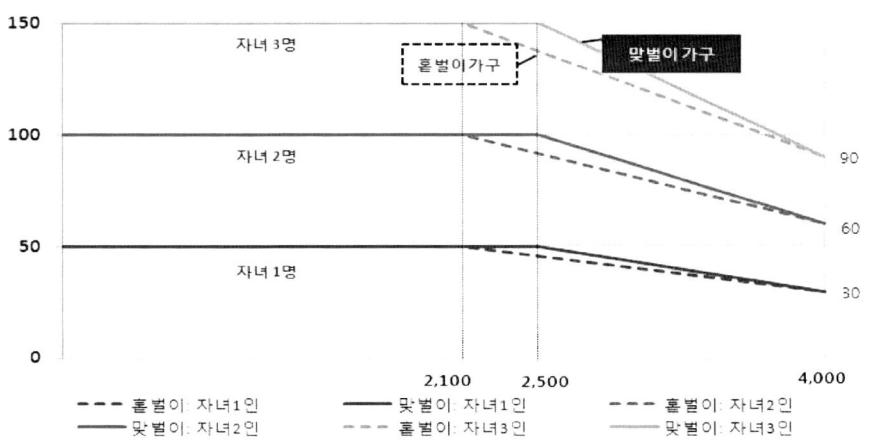

[그림 V-1] 자녀장려세제(CTC) 모형

<표 Ⅴ-2> 자녀장려세제(CTC) 신청자격

요건	내용
배우자 및 부양자녀[1]	- 18세 미만의 부양자녀를 1인 이상 부양
연간 총소득	- 전년도 연간 부부합산 총소득합계액이 4,000만원 미만 • 총소득 기준금액: 사업소득(보험모집 및 방문판매 제외), 기타소득은 소득금액을 합산, 이자·배당·근로소득과 사업소득 중 보험모집인 및 방문판매원 소득은 총수입금액을 합산
주택	- 전년도 6월 1일 기준으로 세대원 전원이 무주택이거나 1주택을 소유할 것
재산가액	- 전년도 6월 1일 기준으로 세대원 전원이 소유하고 있는 재산합계액이 1억 4천만원 미만이어야 함 • 주택, 토지 및 건축물, 자동차, 전세금, 금융재산, 유가증권, 골프회원권, 부동산을 취득할 수 있는 권리 등을 포함함

주: 1) 입양자 및 부모가 없거나 부모가 자녀를 부양할 수 없는 일정한 경우 손자녀·형제자매 포함하고, 중증장애인인 경우 연령제한을 적용받지 않으며 부양자녀의 연간 소득금액 합계액이 100만원 이하여야 함

나. 근로장려세제(EITC) 확대

□ 근로장려금의 지급기준을 자녀기준에서 가구원기준(단독, 가족)으로 전환하고, 근로빈곤층의 근로유인을 높이기 위하여 소득구간 및 지급액 수준을 확대함
  ○ 결혼에 대한 지원을 위해 가족가구에 대한 지원수준을 확대하고, 여성의 경제활동 지원을 위해 맞벌이가구에 대해 추가 지원함

<표 Ⅴ-3> 근로장려세제(EITC) 확대

(단위: 만원)

기 존

구분	구간			최대 지급액
	점증	평탄	점감	
무자녀	~600	~900	~1,300	70
자녀 1인	~800	~1,200	~1,700	140
자녀 2인	~900	~1,200	~2,100	170
자녀 3인 이상	~900	~1,200	~2,500	200

개 정

구분		구간			최대 지급액
		점증	평탄	점감	
단독가구		~600	~900	~1,300	70
가족 가구	홑벌이	~900	~1,200	~2,100	170
	맞벌이	~1,000	~1,300	~2,500	210

2. 해외 주요국과의 지원수준 비교

☐ 해외 주요국의 자녀장려세제(CTC) 제도의 자녀 2인 기준 최대지급액을 원화로 환산하여 비교한 결과, 영국 약 1,000만원, 호주 약 1,100만원, 캐나다 720만원으로 우리나라의 100만원에 비해 7~11배 높은 수준임

  ○ 미국은 자녀 2인 기준 약 220만원으로 다소 낮은 수준이나 그림 [V-4]에서 알 수 있는 바와 같이, 미국은 자녀요소를 CTC와 EITC에서 모두 고려하고 있으므로 이를 모두 반영하는 경우 지원수준이 낮다고 보기는 어려움

    - 미국은 EITC와 CTC 모두 자녀요소를 고려하고, EITC와 CTC 모두 점증-평탄-점감구간으로 이루어짐
    - 캐나다의 CCTB와 NCBS는 아동이 있는 가구들을 대상으로 하고, WITB는 저소득 근로가구나 개인을 대상으로 하는 지원제도인 바, CCTB는 평탄-점감구간, WITB는 점증-평탄-점감구간으로 운용되고 있음

<표 V-4> 자녀 2인 기준 CTC 최대지급액(2013년 10월 기준)

국가		최대급여액(자국화폐기준)		환율	자녀 2인 기준 원화 환산금액
		자녀 1인 기준	자녀 2인 기준		
한국		500,000	1,000,000	-	1,000,000
미국[1]		1,000	2,000	1,080	2,160,000
영국[2]		3,265	5,985	1,735	10,383,975
호주(Part A)[3]		5,824	11,648	1,024	11,927,552
캐나다	CCTB Base Benefit[4]	1,433	2,866	1,033	2,960,578
	NCBS[5]	2,221	4,185	1,033	4,323,858
	Total	3,654	7,051	1,033	7,284,952

주: 1) 미국: 자녀 1인당 USD 1,000
  2) 영국: 가족요소(가족당 £ 545) + 자녀요소(자녀 1인당 £ 2,720)
  3) 호주: 2주당 AUD 224, 52주 기준, 16 - 19세, 중학생 기준
  4) 캐나다: 자녀 1인 기준 1개월당 CAD 119.41 × 12개월 = CAD 1,433, 자녀 3인부터 추가 지급
  5) 캐나다: 1개월당 CAD 185.08 × 12개월 = CAD 2,221(첫째자녀)
       1개월당 CAD 163.66 × 12개월 = CAD 1,964(둘째자녀)

자료: 1. 미국: http://www.taxpolicycenter.org/taxfacts/displayafact.cfm?Docid=580
  2. 영국: HMRC, "A guide to Child Tax Credit and Working Tax Credit"
  3. 호주: http://www.humanservices.gov.au/customer/enablers/centrelink/family-tax-benefit-part-a-part-b /ftb-a-payment-rates
  4. 캐나다: http://www.cra-arc.gc.ca/E/pub/tg/t4114/t4114-e.html#P188_11643

□ 한편, 우리나라의 ETIC 및 CTC를 모형 및 지급방식이 가장 유사한 미국과 캐나다를 비교하여 그 지원수준을 살펴본 결과, 아직까지 우리나라의 지원수준은 소득수준과 재정여건을 감안하더라도 대부분의 구간에서 크게 낮은 수준임
  ○ 따라서, 저소득층의 실질적인 현금지원 및 지원수준의 실효성 측면에서 재정여건 등을 감안하여 지원대상 및 지원수준의 조정 등 제도적 개선방안이 지속적으로 모색되어야 할 것임

[그림 V-2] 해외 주요국과의 CTC 및 EITC 지원수준 비교

(단위: 만원)

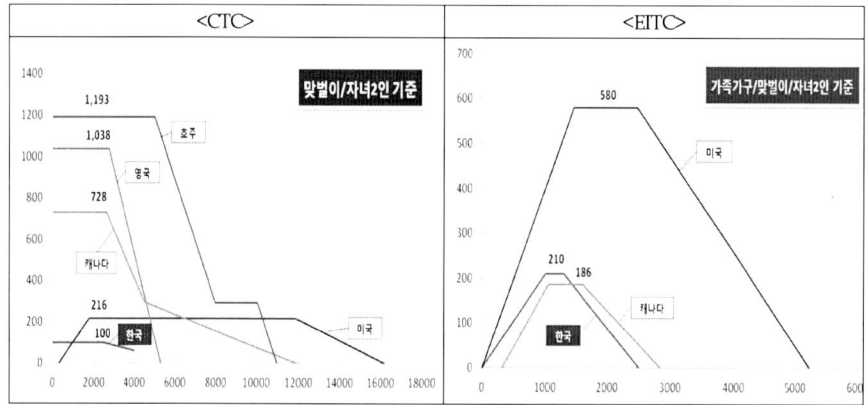

주: 1. 호주: 자녀 13-19세의 최대수령액(2주당 224.00) 수령을 가정
   2. 영국: 가족요소와 자녀요소의 합계
   3. 캐나다: CCTB 기본급여 및 NCB 합계
   4. 2013년 10월 31일 기준 원화 환산

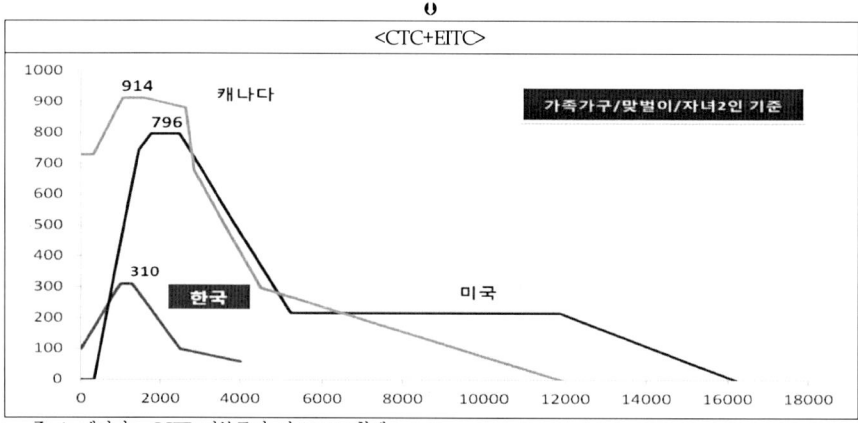

주: 1. 캐나다: CCTB 기본급여 및 NCBS 합계
   2. 2013년 10월 31일 기준 원화 환산

Ⅵ. 자녀장려세제(CTC) 도입의 정책적 함의와 기대효과

1. 정책적 함의

□ 박근혜정부는 「국민행복, 희망의 새 시대」를 국정비전으로 삼아 국정목표의 두 번째로「맞춤형 고용·복지」를 제시하였음
  ○ 「맞춤형 고용·복지」는 국민들이 근로를 통해 자립할 수 있도록 지원하는 한편, 고용과 복지가 긴밀히 연계되는 맞춤형 통합서비스를 제공하는 것임
  ○ 이러한 국정목표의 달성을 위하여 「저출산 극복과 여성의 경제활동 확대」전략이 제시되었으며, 그 방안 중 하나가 바로 자녀장려세제(CTC)의 도입임

□ 통계청의 2012년 『가계동향조사』에 따르면, 우리나라는 상대적 빈곤 기준인 중위소득 50%를 기준으로 소득 1분위의 100%와 2분위의 98.13%가 빈곤 상태에 놓여 있으며, 아동가구의 빈곤율은 8.5%임
  ○ 또한, 각 아동 수에 따른 가구의 빈곤비율(=아동 수별 빈곤율/아동 수별 가구 비중)은 아동 1명 가구는 9.73%, 아동 2명 가구는 6.84%, 아동 3명 가구는 11.14%, 아동 4명 가구는 31.48%, 아동 5명 가구는 80%로 나타남

□ 자녀장려세제(CTC)의 도입은 아동의 건전한 발달과 사회구성원으로서의 바람직한 역할 수행을 도모하기 위하여 정부가 아동이 있는 가구에 대하여 실질적으로 소득을 보전하여 줌으로써 아동 빈곤을 예방하고 저소득층에 대한 소득불평등도를 개선하는 데 그 목적이 있음
  ○ 최근에는 많은 OECD 국가들이 소득이전과 동일한 효력을 가지는 환급형 세액공제(Refundable Tax Credit)를 통하여 저소득 가구가 충분한 과세소득 없이도 충분한 세제혜택을 누릴 수 있도록 하고 있음

□ 따라서 자녀장려세제(CTC)의 도입은 향후 자녀양육을 위한 비용 절감과 아동 빈곤 완화에 기여함으로써 국정목표에 제시된 바와 같이, 인구구조 고령화의 주요 요인인 저출산 문제를 해소하고 아동 빈곤을 예방하는 데 중요한 역할을 하게 될 것임

□ 한편, 기존 EITC 자녀요소를 자녀장려세제(CTC)에서 고려하되, EITC와 CTC의 수급요건 및 지원수준을 연계하여 하나의 지원세로 작동하도록 설계하여 제도의 복잡성 지양 및 단순화(Simplification)를 도모하였음
  ○ 조세체계의 복잡성(Complexity)은 납세의무자의 자발적인 납세순응도를 감소시키고, 납세의무자의 납세순응비용 및 과세당국의 과세행정비용을 증가시킴
    - 조세체계의 복잡성이 증가할수록 납세순응도는 낮아지게 되는 것임
  ○ 따라서 저소득 가구들이 지원의 내용을 쉽게 이해하여 제도를 폭넓게 활용할 때 정책목적은 달성하면서 제도의 실효성은 제고될 것임

2. 기대효과

□ 우리나라의 소득불평등도가 심화되면서 빈곤 및 소득재분배 효과를 개선시키기 위한 정책방안이 다각도로 모색되고 있는바, 자녀장려세제(CTC)의 도입과 근로장려세제(EITC)의 확대가 미치는 영향을 빈곤 경감 및 소득불평등 완화 측면으로 구분하여 분석하고자 함
  ○ 또한, 2013년 세제개편안 중 소득공제의 세액공제로의 전환으로 인한 빈곤 완화 효과 및 소득재분배 개선효과를 포함하여 CTC 도입 시 기대효과를 종합적으로 검토하고자 함
    - 소득공제의 세액공제로의 전환대상으로 자녀세액공제, 기부금, 의료비, 교육비, 보장성 보험료, 연금저축공제를 고려함[44]

가. 빈곤 감소효과

1) 추정방법

□ 2012년 통계청의 『가계동향조사』 자료를 활용하여 근로소득자 가구 중 실업가구와 아동 수가 0명인 경우를 제외하고 CTC 도입 및 EITC 확대가 빈곤율에 미치는 영향을 개편 전·후를 비교함으로써 빈곤 완화 효과를 살펴봄
  ○ OECD 등 국제기구에서는 국가 간 비교분석시 중위소득 40%, 50%, 60% 기준

---

[44] 가용데이터의 한계로 기부금은 종교기부금만을 반영하고, 2013년도 세제개편안 중소기업·소상공인 공제부금 공제 등은 반영하지 못함

을 활용하고 있는바, 이 중 주로 국가간 비교시 상대빈곤 기준으로 활용되는 중위소득 50% 기준으로 빈곤 감소효과를 살펴보고자 함

2) 빈곤 감소효과

가) EITC 확대와 CTC 도입으로 인한 빈곤 감소효과

□ EITC 확대와 CTC 도입으로 인하여 아동이 있는 중위소득의 50%에 미달하는 가구의 빈곤율은 현행 7.04%에서 0.77%p 낮아진 6.27%로 10.9% 감소할 것으로 추정됨
  ○ 특히, CTC로 인한 빈곤 감소율이 9.9%로 EITC 확대시의 0.7%에 비해 훨씬 크게 나타남
  ○ 그 이유는 아동이 있는 가구의 경우 CTC가 자녀 수에 따라 지원 수준이 다르고 지원대상이 EITC에 비하여 광범위한 데 기인함
    - 즉, CTC는 평탄-점감구간으로 설계되며 전년도 연간 부부합산 총소득합계액이 4,000만원 미만의 아동이 있는 저소득층 가구가 정책대상으로 자녀 1인당 연간 최대 50만원까지 환급됨
    - 반면, EITC는 수급요건이 크게 완화되고 수령금액도 늘어나서 세제지원 수준이 기존보다 확대될 예정이나, CTC와 비교시 근로유인 제고 측면에서 점증-평탄-점감구간으로 설정되어 있고, 기준금액도 가족가구 중 홑벌이 가구 2,100만원, 맞벌이 가구 2,500만원으로 상대적으로 낮은 수준임
  ○ 한편, EITC 확대 및 CTC 도입의 주된 정책대상은 저소득층으로 근로소득자 가구의 경우 대부분 소득 1분위에 속하고 있음

<표 VI-1> EITC 확대 및 CTC 도입시 빈곤 감소효과(아동가구)

(단위: %)

구분	현행	개정		
		+EITC	+CTC	+EITC·CTC
빈곤율	7.04	6.99	6.34	6.27
현행 대비 변화율	-	-0.7	-9.9	-10.9

주: 근로소득자 가구 중 자녀 수 0명인 경우와 실업 가구 제외
자료: 통계청, 2012년 『가계동향조사』

[그림 VI-1] EITC 확대 및 CTC 도입시 빈곤 감소효과(아동가구)

(단위: %)

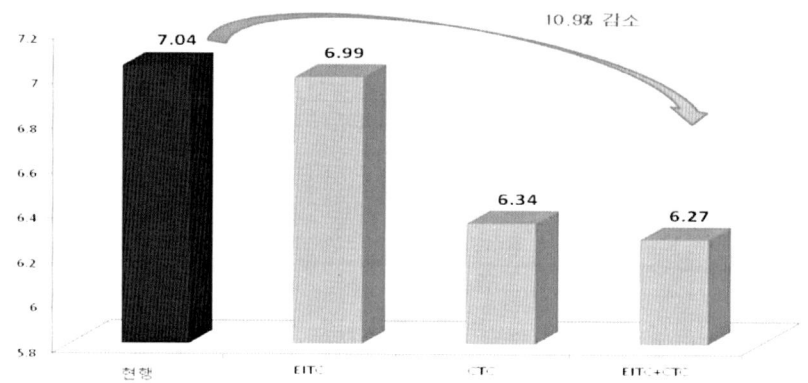

주: 근로소득자 가구 중 자녀 수 0명인 경우와 실업 가구 제외
자료: 통계청, 2012년 『가계동향조사』

나) 2013년도 세제개편안 반영 시 빈곤 감소효과

□ 2013년 세제개편안 중 소득공제에서 세액공제로의 전환으로 빈곤율이 7.04%에서 7.22%로 증가하여, 기존보다 약 2.5% 악화시키는 것으로 나타났으나, ETIC 확대와 CTC 도입으로 인하여 현행 대비 8.1% 감소하는 것으로 나타남
  ○ 이는 소득공제에서 세액공제로의 전환으로 인하여 저소득계층의 세부담이 증가되어 빈곤율이 다소 악화된 것으로 판단됨
    - 현행 소득세 과세체계의 경우, 각종 공제 및 비과세·감면제도로 인하여 과세미달자의 비중이 높고, 소득공제 중심으로 운영되어 누진세율 구조하에서 그 혜택이 고소득자에게 편중되고 있음
  ○ 따라서 저소득계층에 대한 현금지원을 통하여 비과세 감면·정비 및 세액공제로의 전환으로 인한 저소득계층의 급격한 세부담을 방지하고 실질소득을 증가시킴으로써 빈곤을 완화할 수 있는 EITC와 CTC와 같은 환급형 세액공제를 확대하고 도입하는 것은 바람직함

<표 VI-2> 2013년도 세제개편안 반영시 빈곤 감소효과(아동가구)

(단위: %)

구분	현행	개정			
		세액공제로의 전환	세액공제로의 전환		
			+ EITC	+ CTC	+ EITC·CTC
빈곤율	7.04	7.22	7.17	6.75	6.47
현행 대비 변화율	-	2.5	1.8	-4.2	-8.1

주: 근로소득자 가구 중 자녀 수 0명인 경우와 실업 가구 제외
자료: 통계청, 2012년 『가계동향조사』

[그림 VI-2] 2013년도 세제개편안 반영시 빈곤 감소효과(아동가구)

(단위: %)

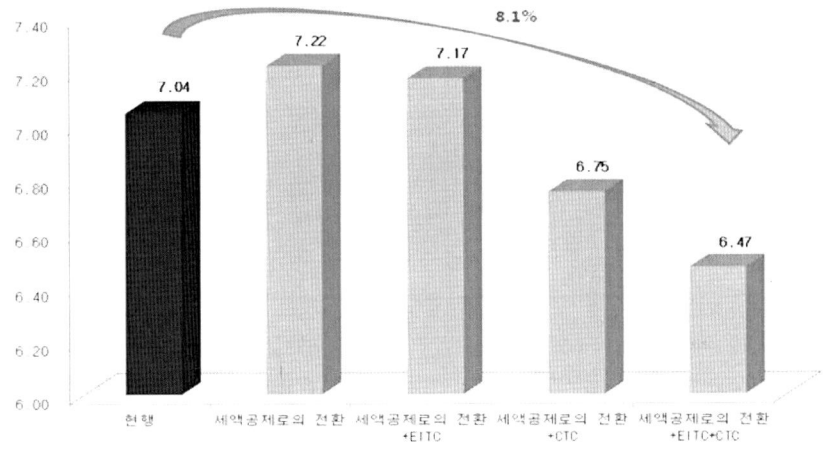

주: 근로소득자 가구 중 자녀 수 0명인 경우와 실업 가구 제외
자료: 통계청, 2012년 『가계동향조사』

□ 한편, 1인 이상 근로자 가구를 대상으로 빈곤 감소효과를 분석한 결과, 빈곤율은 현행 15.61%에서 세액공제로의 전환, ETIC 확대와 CTC 도입으로 인하여 현행 대비 약 2.1% 감소한 15.29%로 나타남
  ○ 아동이 있는 가구를 대상으로 살펴본 결과와 동일하게 소득공제에서 세액공제로의 전환은 저소득계층의 세부담 증가를 초래하여 빈곤율을 악화시키지만, EITC 확대와 CTC 도입이 이를 완화시키는 것으로 나타남

<표 VI-3> 2013년도 세제개편안 반영시 빈곤 감소효과(1인 이상 근로소득자 가구)

(단위: %)

구분	현행	개정			
		세액공제로의 전환	세액공제로의 전환		
			+ EITC	+ CTC	+ EITC·CTC
빈곤율	15.61	15.71	15.60	15.54	15.29
현행 대비 변화율		0.6	-0.1	-0.4	-2.1

주: 1인 이상 근로소득자 가구
자료: 통계청, 2012년 『가계동향조사』

[그림 VI-3] 2013년도 세제개편안 반영시 빈곤 감소효과(1인 이상 근로소득자 가구)

(단위: %)

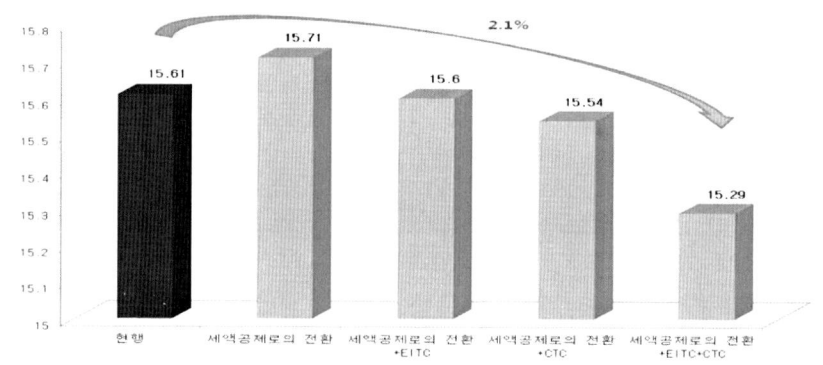

주: 1인 이상 근로소득자 가구
자료: 통계청, 2012년 『가계동향조사』

나. 소득재분배 개선효과

1) 추정방법

□ 2012년 통계청 『가계동향조사』를 활용하여 전체가구 중 근로자 가구를 대상으로 CTC 도입 및 EITC 확대의 소득재분배 개선효과를 지니계수를 통하여 살펴보고자 함
  ○ 추가적으로 2013년 세제개편안 중 소득공제의 세액공제로의 전환으로 인한 영향을 포함하여 종합적으로 검토하고자 함
    - 소득공제의 세액공제로의 전환 대상으로 자녀세액공제, 기부금, 의료비, 교육비, 보장성 보험료, 연금저축공제를 고려함

2) 소득재분배 개선효과

가) EITC 확대와 CTC 도입으로 인한 소득재분배 개선효과

□ 근로소득자 가구 중 1인 가구를 포함하여 EITC의 확대 및 CTC의 도입을 반영한 세후지니계수는 0.3011로 세전지니계수 0.3304와 개편 전 세후지니계수 0.3042보다 감소하여 EITC 확대와 CTC 도입은 소득재분배를 개선시키는 것으로 나타남
  ○ EITC 확대만을 반영한 세후지니계수는 0.3030, CTC 도입만을 반영한 세후지니계수는 0.3023으로 CTC 도입의 소득재분배 개선효과가 더 큰 것으로 나타남
    - EITC 확대 및 CTC 도입을 포함한 세후지니계수는 0.3011로, 세전지니계수 0.3304 대비 8.87% 감소하는 것으로 추정됨

<표 Ⅵ-4> EITC 확대 및 CTC 도입 시 소득재분배 효과(1인 이상 근로소득자 가구)

		세전	세후			
			현행	+ EITC	+ CTC	+ EITC·CTC
지니계수		0.3304	0.3042	0.3030	0.3023	0.3011
변화율(%)	세전 대비	-	-7.93	-8.29	-8.50	-8.87
	현행 대비	-	-	-0.39	-0.62	-1.02

주: 1인 이상 근로소득자 가구를 대상으로 함
자료: 통계청, 2012년 『가계동향조사』

[그림 Ⅵ-4] EITC 확대 및 CTC 도입 시 소득재분배 효과(1인 이상 근로소득자 가구)

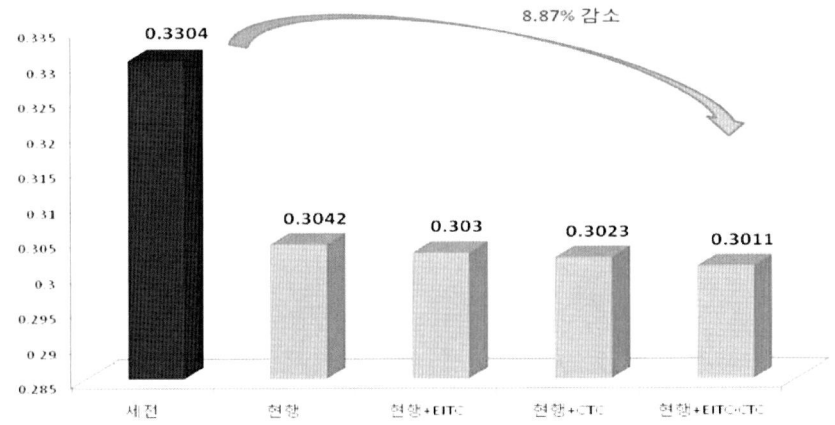

주: 1인 이상 근로소득자 가구를 대상으로 함
자료: 통계청, 2012년 『가계동향조사』

나) 2013년도 세제개편안 반영시 소득재분배 개선효과

☐ 근로소득자 가구 중 1인 가구를 포함하여 2013년 세제개편안 중 소득공제의 세액공제로의 전환, EITC의 확대 및 CTC의 도입을 반영한 세후지니계수는 0.2999로 세전지니계수 0.3304와 세제개편 전의 세후지니계수 0.3042보다 감소하여 세제개편안은 소득재분배 기능을 개선시키는 것으로 나타남
  ○ 소득세 공제제도 개편안 반영 후의 세후지니계수는 0.3031, EITC 확대 및 CTC 도입을 포함한 세후지니계수는 0.2999로, 세전지니계수 0.3304 대비 각각 8.26%, 9.23% 감소하는 것으로 추정됨

<표 VI-5> 2013년도 세제개편안 반영시 소득재분배 효과(1인 이상 근로소득자 가구)

		세전	세후				
			현행	세액공제로의 전환	세액공제로의 전환		
					+ EITC	+ CTC	+ EITC·CTC
지니계수		0.3304	0.3042	0.3031	0.3019	0.3018	0.2999
변화율(%)	세전 대비	-	-7.93	-8.26	-8.63	-8.66	-9.23
	현행 대비	-	-	-0.36	-0.76	-0.79	-1.41

주: 1인 이상 근로소득자가구를 대상으로 함
자료: 통계청, 2012년 『가계동향조사』

[그림 VI-5] 2013년도 세제개편안 반영시 소득재분배 효과(1인 이상 근로소득자 가구)

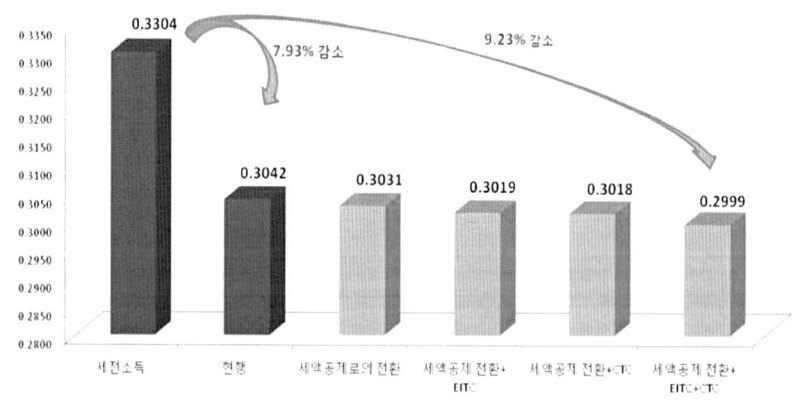

주: 1인 이상 근로소득자 가구를 대상으로 함
자료: 통계청, 2012년 『가계동향조사』

참고문헌

고경환 외, 『2009년도 한국의 사회복지지출추계와 OECD 국가의 장애인소득보장체계 비교』, 한국보건사회연구원, 2011.

국회예산정책처, 『다자녀추가공제 확대의 효과분석』, 2010. 12.

_____, 『기초생활보장사업 평가』, 2013.

김문길 외, 『2012년 빈곤통계연보』, 한국보건사회연구원, 2012.

김미곤, 「최저생계비 쟁점 및 정책과제」, 『보건·복지 Issue & Focus』, 제124호, 한국보건사회연구원, 2012. 2

김미숙 외, 『한국의 아동빈곤실태와 빈곤아동지원방안』, 한국보건사회연구원, 2007.

김미숙·배화옥, 『한국 아동빈곤율 수준과 아동빈곤에 영향을 미치는 요인 연구』, 한국보건사회연구원, 2007.

김미숙, 『한국의 아동빈곤 실태와 정책과제』, 한국보건사회연구원, 2008.

김영숙 외, 『조세제도의 성인지적 분석: 개인소득세와 근로장려세제를 중심으로』, 한국여성정책연구원, 2011.

김재진, 『주요국의 자영업자에 대한 근로장려세제 적용기준 연구』, 한국조세연구원, 2012. 08.

_____, 『미국 EITC의 태동과 시대상황』, 한국조세연구원, 2009. 06.

_____, 「근로빈곤층을 위한 선진국의 조세제도: 호주 및 뉴질랜드 사례」, 『재정포럼』제108호, 한국조세연구원, 2005. 6.

_____, 「근로빈곤층을 위한 선진국의 조세제도: 영국사례」, 『재정포럼』, 제114호. 한국조세연구원, 2005. 12.

김재진·박능후, 『한국형 근로소득보전세제 도입 타당성 및 도입방안 연구』, 용역보고서, 대통령자문 빈부격차·차별시정위원회, 2005. 9.

김현숙, 「기혼여성과 소득세 : 최적조세이론 관점」, 『재정포럼』, 한국조세연구원, 2007.

김현숙·성명재, 「자녀장려세제제도 도입이 기혼여성 노동공급에 미치는 영향」, 『공공경제』, 제12권 제1호, 2007.

대한민국정부, 『2013년도 조세지출예산서』, 2012.

류연규·백승호, 「복지국가의 아동·가족복지지출과 아동빈곤율의 관계 - OECD 국가를 중심으로-」, 2010.
송헌재·전영준, 『근로장려세제 도입이 저소득가구의 노동공급 및 후생에 미치는 영향분석』, 한국조세연구원, 2011.12.
이병희·윤자영 외, 『근로빈곤의 실태와 지원정책』, 한국노동연구원, 2010.
전병목 외, 『우리 현실에 맞는 EITC모형과 구체적 실시방안』, 2006.
전병목·조찬례, 『주요국의 자녀세액공제와 시사점』, 한국조세연구원, 2006. 11.
정유석, 「자녀에 대한 조세지원제도의 형태와 여성 경제활동 및 출산율 제고와의 관계에 대한 연구」, 한국국제회계학회, 2012. 02.
최성은 외, 『아동수당 도입방안 연구』, 보건복지가족부·한국보건사회연구원, 2009.
통계청, 『가계동향조사』, 2012.
_____, 『2012년 가계금융·복지조사』, 2012.
한국보건사회연구원, 『2012년 전국 출산력 및 가족보건·복지실태조사』, 2012.
_____, 『2012년 한국복지패널 기초분석보고서』. 2012. 12.
Piachaud, D., 「영국의 근로소득세액공제제도: CTC와 WTC」, 『국제노동브리프』, 한국노동연구원, 2005.

Kidd, A., *The Effect of the Child Tax Credit on the Labor Supply of Mothers*, 2011.
Dilnot, A., J. McCrae, *FAMILY CREDIT AND THE WORKING FAMILIES' TAX CREDIT*, 1999.
Heim, B. T., *The Impact of the Earned Income Tax Credit on the Labor Supply of Married Couples: A Structural Estimation*, 2010. 01.
Department of Finance Canada. *Tax Expenditures and Evaluations 2012*, 2013.
Garcia-Morany, E. M., *Child Care Costs, Female Labor Force Participation and Public Policy*, 2010. 11 .
Steuerle, G. and B. Bell, *Growth and Decline in Tax Credits For Families With Children*, Tax Policy Center, 2006.
Hodgson, H., *An Historical Analysis of Family Payments in Australia: Are They Fair or Simple?*, Journal of the Australasian Tax Teachers Association 2005 Vol.1 No.2, 2005.
HMRC, *A guide to Child Tax Credit and Working Tax Credit*, 2013.

_____, *Child and Working Tax Credits Statistics Finalised annual awards 2011-12*, 2013.

_____, *Child and Working Tax Credits Statistics*, 2013. 04.

HM Treasury, The Modernisation of Britain's Tax and Benefit System Number Ten_*The Child and Working Tax Credits*, 2002. 04.

HRSDC, *The National Child Benefit Progress Report 2008*, 2013.

IRS, *Child Tax Credit*, Publication 972, 2013. 01.

____, *Earned Income Credit(EIC)*, Publication 596, 2013.

JOINT COMMITTEE ON TAXATION, *ESTIMATES OF FEDERAL TAX EXPENDITURES FOR FISCAL YEARS 2012-2017*, 2013.02.

Burman, L. E. and L. Wheaton, *Who Gets the Child Tax Credit?* 2005.

Brewer, M., *THE NEW TAX CREDITS*, The Institute for Fiscal Studies, 2003.

OECD, *Extending Opportunities: How Active Social Policy Can Benefit Us All*, 2005.

_____, *Family Database*, 2012.

_____, *Fundamental Reform of Personal Income Tax*, 2006.

_____, *Tax Expenditures in OECD Countries*, 2010.

Office for National Statistics, *Middle Income Households, 1977-2010/11*, 2013.03.

Blundell et al., *THE IMPACT OF TAX AND BENEFIT CHANGES BETWEEN APRIL 2000 AND APRIL 2003 ON PARENTS' LABOUR SUPPLY*, The Institute for Fiscal Studies, 2004.

Nolan, P., *New Zealand's Family Assistance Tax Credits: Evolution and Operation*, NEW ZEALAND TREASURY WORKING PAPER 02/16, 2002.

Statistics Canada. *Low Income Lines, 2011-2012*, Income Research Paper Series, 2013.

The Australian Government the Treasury, *Tax Expenditures Statement 2012*, 2013.

The New Zealand Treasury, *2013 Tax Expenditure Statement*, 2013.07.

_____, *Financial Statements of the Government of New Zealand*, 2013.06.

United States Census Bureau, *Income, Poverty, and Health Insurance Coverage in the United States: 2011*, Current Population Reports, 2012.09.

Chzhen et al., *The effect of tax credits on mothers' employment*, 2007.